기점·소악도 순례여행 길잡이
열두 사도 길 순례 이야기

글 | 작가시우
시우는 호기심에 마음이 들썩거리는, 읽고 쓰고 걷고 공부하는 작가. 2010년 소설창작대학을 다니며 창작 활동을 시작했다. <두려운 건 당연해>, <읽다 쓰다 걷다, 어느새>의 저자이다. 기점도와 소악도에 여행 왔다가 섬의 길과 열두 사도 집들이 주는 의미와 깊이에 반해 기점·소악 순례여행 길잡이 책 집필에 참여했다.

글 | 임병진
강원도 원주 산골에서 태어나 TV방송국과 기획사에서 일했다. 그러나 곧 부르심에 응해 서울신학대학원을 졸업하고 목사가 되었다. 평양 대부흥 운동 100주년과 성결교회창립 100주년 관련 행사를 기획, 주도했고, 순교자 문준경 전도사를 발굴, <천국의 섬>, <문준경에게 인생의 길을 묻다>를 집필했다. 지금은 소악교회 담임목사로 사역하며 '사단법인 한국순례길'에서 순례길을 기획, 개발하고 안내하고 있다. 소악도 열두 사도 순례길이 한국의 산티아고 길이 되기를 소망하며, 순례자들을 돕고 하나님나라 영성공동체로 만드는 일에 매진하고 있다.

그림 | 노용찬
광주 빛고을 나눔교회 목회자이다. Life Hope 기독교자살예방센터를 중심으로 성경 말씀과 삶이 어우러지는 생명운동을 펼쳐가는 일에 힘쓰고 있다.

기점·소악도 순례여행 길잡이
열두 사도 순례 이야기

초판 1쇄 2025년 10월 30일

저　자: 작가시우/임병진
그　림: 노용찬
편　집: 정부선
디자인: 양재봉
펴낸이: 강신덕
펴낸곳: 도서출판 토비아
등록: 107-28-69342
주소: 03383) 서울특별시 은평구 은평로 21길 31-12 4층
　　　T 02-738-2082 / F 02-738-20

ISBN:

*책값은 뒷표지에 있습니다. 무단 전제와 복제와 배포를 금합니다.
*도서출판 토비아는 토비아선교회가 순례, 말씀사역, 콘텐츠선교를 위해 세운 출판브랜드입니다.

기점·소악도 순례여행 길잡이
열두 사도 길 순례 이야기

글쓴이 작가시우 / 임병진

도서출판 토비아

목차

추천사
김현정 앵커 ● 6
이동원 목사 ● 8
변상욱 언론인 ● 9
이재훈 목사 ● 10
안성우 목사 ● 11
전재규 박사 ● 12

프롤로그
열두 명의 사도와 열두 개의 단어 ● 16
기점·소악도 마을/기점·소악도 여행안내 ● 21

1부 열두 사도 길
베드로의 집 ● 27
안드레의 집 ● 37
야고보의 집 ● 47
요한의 집 ● 55
빌립의 집 ● 65
나다나엘의 집 ● 75
도마의 집 ● 85
마태의 집 ● 93
작은 야고보의 집 ● 103
다대오 유다의 집 ● 113

시몬의 집 ●121
가룟 유다의 집 ●131

인터뷰
소악도 청년 현우씨 ●144
5대째 소악도 주민 김양운님 부부 ●147

2부 순례길을 안내하다
소악 교회 ●156
열두 사도 순례길, 필연의 만남 ●161
걷기 좋은 병풍·기점·소악도 ●165
순례의 길을 열다 ●169
불편함이 깨달음으로 ●173
간이역 소악 교회 ●177
장로와 목사의 버스킹 '지킴이' ●182
진리 탐구의 길을 함께 걷다 ●188
노숙자 예수 ●194
잠적 여행 ●198
생선 굽는 예수와 팔복 묵상길 ●203
올라가는 여행 ●209

에필로그
믿으며 걷는 열두 사도 길 ●220
걸으며 생으로 파고들다 ●225

추천의 글

CBS 김현정의 뉴스쇼 진행자
김현정 앵커

첫째 아이가 아장아장 걸을 무렵 '증도'라는 섬을 처음 밟았다. 이름도 낯선 그 섬을 아무 생각 없이 찾았던 그때를 지금도 잊지 못한다. 파란 하늘 밑 끝없이 펼쳐진 갯벌, 그 위로 짱뚱어 들이 뛰어오르는데 꿈인가 생시인가 싶었다. 교과서에서나 보던 '천혜의 자연'이 이곳이로구나! 게다가 섬을 여행하며 들은 문준경 전도사님의 이야기는 증도를 더욱더 특별한 곳으로 만들어 주었다. 꼭 다시 와 보리라, 다짐했건만 바쁜 일상은 쉬이 기회를 허락하지 않았고 그렇게 잊고 있던 섬, 증도.

아장아장 걷던 그 아이가 대학생이 되던 올봄, 이 책이 손에 들어왔다. 증도에서 배를 타고 가면 바로 닿을 수 있는 5개의 작은 섬에 만들어진 열두 사도의 순례길이라고?

책을 읽으며 설레고 또 설다. 작가의 시선을 따라 12km 순례길을 도는 내내 바다 내음이, 따스한 햇살이, 그리고 아련한 삶의 기억이 떠올랐다. 그리고 한없이 깊은 위로를 얻었다. 책은 내게 묻는다, '지금 인생의 어느 집에 머물고 있냐고. 그리고 조용히 손을 내민다, 함께 걷자고 외로워 말라고!'

섬은 언제나 우리에게 '고요한 질문'을 던진다. 바다에 둘러싸인 작은 땅, 그곳을 걷는다는 건 곧 내 안의 소리를 듣는 일이다. <열두 사도 순례길>은 단순한 여행 에세이가 아니다. 이 책은 신안의 섬, 그 중에서도 기점·소악도의 12km 순례길을 따라가며, 우리가 잊고 살았던 삶의 본질과 마주하게 한다.

저자는 종교적 신념을 넘어, 한 인간으로서 이 길을 걷고, 기도하고, 때로는 방황하며, 섬의 바람과 갯내음, 그리고 고요함 속에서 자기 자신을 발견한다. 열두 사도의 이름을 단 작은 예배당들, 그곳에 깃든 '리더', '동반자', '사랑', '의심', '죽음'과 같은 단어들은 우리 각자의 인생에도 깊은 울림을 준다.

이 책은 독자에게 묻는다. "당신의 인생에서, 지금 어느 집에 머물러 있습니까?" 그리고 조용히 손을 내밉니다. "함께 걸어보지 않겠냐"고.

섬마을의 풍경, 순례길의 디테일, 그리고 저자의 담백한 시선이 어우러진 이 에세이는, 바쁜 일상에 지친 우리 모두에게 '쉼'과 '위로'가 되어줄 것이다. 종교인이든 비종교인이든, 이 책을 펼치는 순간 당신은 이미 순례길의 첫 발을 내딛게 된다.

섬티아고 순례길 동역자
필그림 천로역정 순례길 섬김이
이동원 목사

인생은 순례다.
순례길 걷기는 인생을 반성하기다.
그래서 그 숱한 사람들이 산티아고를 찾고
제주를 찾는 사람들도 올레길을 걷는다.

이 책은 소악도 섬에 대한 이야기이다.
작가 시우/목사 임병진이 함께 쓴 책이다.
비기독교인의 시선이 함께하여 더 특별하다.
그만큼 이 책은 광폭의 순례 그림책이다.

본래 신안 증도에 깊은 영감을 남긴 여인
문준경 전도자의 발걸음이 멈춘 곳에서
피어난 한 송이 붉은 장미 같은 선혈 이야기
그 이야기를 찾던 사람들이 찾아낸 섬 이야기다.

이 섬에서 그리스도인들은 열두 사도를 만나고, 비신자들은 열두 테마의 삶을 만난다. 그리고 팔복 호수를 걷고 팔복을 줍는다. 물론 최후의 만찬과 생선 굽는 분도 만난다.

삶의 지루함에 피곤을 느끼는 모든 분들에게 삶의 허무를 말하기 전 이 섬을 방문하고 이 책을 일독할 것을 간곡히 권하고 싶다.

이 책을 놓기 전에 방랑자들이 순례자가 되는 기적을 보게 될 것이다.

Let's Go to 소악도!
Let's Read 열두 사도 순례의 길!

CBS대기자, YTN 뉴스가 있는 저녁 진행
변상욱 언론인

기도는 발로해야 한다는 생각이었다. 걷고 걷는 순례는 무엇으로 할까? 이 책을 읽고 나니 순례야말로 영성과 기도로 하는 것임을 알았다. 산티아고를 넘어서는 바람의 순례길을 발굴하고자 남도 섬에서부터 강원도 휴전선까지 순교와 헌신의 현장들을 숱하게 오고 간 글쓴이들의 땀이 소중하다.

순례길에서 사람을 찾고 사람의 길을 찾으며 녹여 낸 인문학적 내공도 깊고 순후하다. 그리고 이미 나의 마음은 소악도를 걷고 있다. 이제 몸만 따라가면 된다. 이 책에선 "생을 꾸역꾸역 걸으려는가? 힘차게 나아가려는가?" 묻는다. 이번 여름 나는 소악도에서 울려 걸어 보련다.

온누리 교회 담임목사
이재훈 목사

예수님께서 부르시고 세우신 열두 사도의 이야기는 단순히 2천 년 전의 역사가 아니라, 오늘도 우리를 제자의 길로 초대하시는 복음의 부르심입니다. <열두 사도 길 이야기>는 그 부르심을 따라 한 걸음 한 걸음 순례하며 써 내려간 임병진 목사님의 깊은 묵상과 헌신의 결실입니다.

임 목사님은 오랫동안 한국교회 역사 속에 사라지는 보물들을 발굴하여 빛나게 하는 일과 특히 여성순교자 문준경 전도사의 순교적 흔적들을 녹여내고 지역 교회공동체 속에서 마룻바닥 부흥체험관, 열두 사도 순례길의 영적 공간에 팔복 묵상길, 최후의 만찬 야외벽화. 생선 굽는 예수 영적테마를 조성하는 일에 많은 이들이 말씀을 삶으로 체험하도록 섬겨 오셨습니다.

이 책은 단순히 길을 소개하는 여행서가 아니라, 사도의 발자취와 그들의 삶을 본받고자 헌신하는 사람들의 이야기입니다. 독자들은 이 책을 읽으며 각 사도가 걸었던 믿음의 여정을 만나게 되고, 그 길을 통해 우리 각자의 삶 속에서 주님께서 주신 사명과 소명을 다시금 확인하게 될 것입니다. 저는 임병진 목사님의 오랜 기도와 순례의 발걸음이 담긴 이 책을 기쁜 마음으로 추천합니다.

기독교대한성결교회 총회장
안성우 목사

하나님께서 2천 년 전 예수님과 함께하셨던 열두 사도의 삶은, 오늘 우리에게도 깊은 도전과 위로를 주는 믿음의 유산입니다. 임병진 목사께서는 2007년 성결교회100주년 되던 해에 문준경 전도사의 이야기인 <천국의 섬>을 출간하여 한국교회에 영적 큰 반향을 일으켰습니다. 한국교회의 잊혀져가는 역사 가치를 문화로 그리고 복음으로 연결하여 빛내는 탁월한 기획자이며 영성가이십니다.

임병진 목사님은 전국 기독교유산을 유네스코 세계유산에 등재하기 위해 제주부터 강원도 DMZ가 있는 고성까지 수없이 오고가며 스토리를 찾아내고 컨텐츠를 만드는 일에 헌신하고 있습니다. 숭실대, 광주대 등에서 '기독교역사 문화 해설사 과정'을 신설하여 전문적인 해설사들을 양성하고 있으며, 특히 이성봉 목사님의 숨결이 있는 신촌교회에서부터 양화진 묘원. 연세대, 이화여대까지 신촌 순례길을 기획했습니다,

목사님은 안락한 도심 속 생활을 거부하고 신안 증도의 끝자락인 소악도 작은 섬에 들어가서 순례자의 삶, 증인의 삶을 녹여내고 그 길을 따라 걷는 이들에게 믿음의 본질을 다시금 묻고 새기는 기회를 제공합니다. 특히 오늘처럼 교회가 세상에서의 역할과 정체성을 회복해야 할 때, 작은 교회와 믿음이 흔들리는 이들에게 강한 영적 무기가 될 것입니다.

이 책이 우리 성결교회와 한국교회 전체에 제자도의 부흥과 신앙의 회복을 불러일으키는 촉매가 되기를 간절히 소망합니다.

**전) 대구계명대 동산의료원 학장, 전) 대신대총장,
현) 한국순례길 이사장
전재규 박사**

근년에 이르러 한국 교회가 순례길의 참뜻을 모른 체 그 사용을 남발하는 듯 느껴집니다. 순례길은 명승지를 구경 또는 탐방하는 길이 아닙니다. 순례길은 예루살렘에 입성하는 길입니다.

성경 시편에는 '성전에 올라가는 노래'가 열 다섯 편이 있습니다. 이스라엘 백성들은 일 년에 유월절, 오순절, 초막절, 3대 명절에는 이 시편을 부르며 순례길을 따라 예루살렘에 올라갑니다. 예수님께서 입성하실 때도 "Hosanna, Hosanna" 환호의 외침 속에서 입성하셨습니다. 지상의 예루살렘은 영원한 천국 예루살렘의 모형입니다.

우리는 순례길을 따라서 영원한 천국에 들어갑니다. 그러므로 순례길을 모르는 사람은 천국에 들어갈 수 없습니다. 순례길을 잊어서도 안됩니다. 주님께서는 "나는 길이요 진리요 생명"이라고 하

셨습니다. 예수님은 우리의 순례길이 되셔서 순례길을 인도하시는 분이십니다.

저는 한국 순례길의 이사장으로 취임한지 만 1년 반이 되었습니다. 올해 구순이 되기까지 모태신앙에서 지금까지 한 번도 교회를 떠난 적이 없습니다. 의과대학 학장, 신학대학교 총장을 역임하면서 유대인 신학교를 수료하였고 예루살렘과 바울 사도의 순례길과 아라랏 산에 이르기까지, 그리고 한국 전역을 답사하였습니다. 저의 지내온 수많은 사연 중에서 가장 인상 깊은 곳이 '소악도 순례길'입니다. 황혼의 인생길에서 이곳 신안군 소악도 열두 사도 순례길, 팔복 묵상길, 부활하신 예수님이 생선 굽는 장면 등을 보면서 가장 인상 깊게 예루살렘과 천국 가는 순례길을 알게 도 었습니다.

문준경 전도사님의 순교 역사와 오늘이 있기까지 임병진 목사님과 함께 동역 하신 분들의 노고를 파악하지 못한 점이 못내 아쉬웠습니다. 계속해서 더욱 아름다운 동산으로 조성하겠습니다. 그런데 금번 출판한 이 한 권의 책이 저를 의문의 늪에서 건져 내 참으로 감사했습니다. 특별히 각 전문 분야에서 그림으로 수고하신 노용찬 목사. 시우작가. 임병진 목사 세 분의 합작이어서 더욱 다양하고 신선감이 있고 저를 흥분시켰습니다. 꼭 한번 읽으시고 적어도 세 번 이상은 현장을 답사하여 천국의 세미한 음성을 들으시기 소원합니다. 대한민국은 순례길의 나라입니다. 순례길은 예루살렘에 입성하는 길입니다.

the Path of the Twelve Apostles

Prologue

프롤로그

열두 명의 사도와 열두 개의 단어
기점·소악도 마을/기점·소악도 여행안내

임병진 목사로부터 열두 사도 순례길 공저를 제안 받은 건 2022년 겨울쯤이었다. 책을 쓰기 위해 다섯 번 그곳을 방문했다. 네 번을 다녀온 후에야 그곳의 지형이 그려졌고, 다섯 번을 다녀와서야 다른 사람들에게 자연스럽게 12사도 순례길을 이야기했다. 예배당 마다의 숨겨진 이야기, 지금껏 놓쳤던 디테일까지… 12km 물리적 숫자만 보고 '후다닥 세 시간이면 한 바퀴 돌겠네', 그렇게 생각했다. 하지만 이곳은 가도 가도 새로웠다.

먼저, 믿지 않는 사람의 시선(나는 종교가 없다)으로 열두 제자에 대해 검색했고, 작은 예배당에서 무릎을 꿇고 미지의 누군가를 향해 기도했다. 기도하기 위해 눈을 감았을 때의 바람, 갯내, 소리를 기억한다. 섬에 있다는 것만으로 무장 해제되고, 그제야 내가 생의 고단함으로 많이 지쳤다는 걸, 어느 때보다 나만을 위한 위로, 쉼이 필요하다는 걸 알게 됐다.

1부는 작가시우가 2부는 임병진 목사가 썼다. 각자의 최선으로 문장을 빚었고, 책이 완성되기까지 꽤 오랜 시간이 축적되었다.

신안군 증도면 '기점·소악도'^{저자주: 대기점도, 소기점도, 소악도를 합친 것}는 지난 '2018년 전라남도 가고 싶은 섬'으로 지정되어 섬마을 가꾸기 사업이 진행되었다. 넓은 갯벌과 낮은 언덕·야산으로 이루어진 섬 네 곳(대기점도-소기점도-소악도-진섬)이 노둣길로 이어져, 물이 차면 길이 사라졌다가 물이 빠지면 다시 보인다. 그래서 '기적의 순례길'이라 불린다. 노두는 바닷물이 가득 차면 바다였다가 물이 빠지면 뭍이 되었다.

1번 베드로의 집에서 12번 가룟 유다의 집까지 12km, 3시간 남짓 걸리는 거리를 잘란잘란하게저자주: 인도네시아어로 느리게 걷기, 산책하기 걷다 보면 곳곳의 풍광도 만나고 갯벌에서 자유롭게 뛰노는 짱뚱어, 농게, 칠게 무리를 만날 수 있다.

순례길을 따라 각각 다른 모양으로 지어진 12개의 건축물은 한두 명이 들어가 기도, 묵상, 명상을 할 수 있는 작은 공간이다. 꼭 예배당이라고 부르지 않아도 되며 종교인, 비종교인 상관없이 누구나 편안하게 들어가 볼 수 있다.

처음 방문했을 때 임병진 목사님이 가이드를 해주셔서 열한 개의 예배당(12번째 가룟 유다의 집은 물때를 맞추지 못해 갈 수 없었다)을 빠르게 알려 주셨지만, 열두 사도 순례길은 낯설었다. 섬 이름을 살펴보면서 내가 갔던 섬이 어떤 섬이었는지 방향, 위치 모두 헷갈렸다. 이곳의 명칭은 여러 번 변경됐다. 섬티아고, 순례자의 섬 등. 이 책에서는 열두 사도 순례길로 명명하기로 했다.

그래서 지인이 '어디 다녀왔어?' 물으면 '응, 소악도.'
'소악도? 거기가 어딘데?' '거기? 무안인가? 신안인가?
내가 배를 어디서 탔더라? 송도항, 송공항. 헷갈린다.

게다가 내비게이션에 송공항이라는 단어는 없고 '송공리선착장'이란 단어만 있었다. 송공리선착장을 송공항으로 불린다는 것을 나중에 알게 됐다.

열두 명의 사도와 열두 개의 단어
소악 교회 임병진 목사님은 나에게 일반인의 시선으로 열두 사도 순례길을 적어달라고 요청하셨다. 그리고 열두 명 사도를 대표하는 단어를 이야기해 주셨다.

열두 사도 순례길을 걸으며 이 열두 개의 단어에 대해 한 번쯤 생각해 본다면 어떨까? 낯선 장소에서 마주하는 열두 개의 공간과 단어. 리더, 동반자, 권력, 사랑, 계산, 인생, 의심, 변화, 작은, 찬양, 애국, 죽음. 이 거대한 단어들에 내 생을 접목한다면, 나는 그래 보기로 했다.

'열두 사도 순례길'로 들어가기 위해서는 배를 타야 한다.

배편은 여러 경로가 있다. 나는 첫 번째, 두 번째는 송도항에서 병풍도 -차를 싣고 가면 병풍도로 들어가 병풍도, 대기점도, 소기점도, 소악도 순서로 이동할 수 있다. 길은 외길이어서 헤맬 일은 없다 -로 들어갔고 세 번째, 네 번째는 송공항에서 소악도로 들어갔다. 1번부터 걷고 싶다면 송공항 출발 대기점도에서 내리면 된다.

1. 베드로의 집 : 리더

2. 안드레아의 집 : 동반자

3. 야고보의 집 : 권력

4. 요한의 집 : 사랑

5. 빌립의 집 : 계산하는 사람, 완벽주의

6. 바돌로메의 집 : 인생이란

7. 도마의 집 : 질문/의심하는 사람

8. 마태의 집 : 변화하는 사람

9. 작은 야고보의 집 : 작은 자

10. 유다의 집 : 찬양/찬미하는 자

11. 시몬의 집 : 애국자

12. 가롯 유다의 집 : 죽음 자살

기점·소악도 마을 저자주: 신안군청 홈페이지 자료 인용

● 공간적 범위

전라남도 신안군 증도면 병풍리

기점·소악도(대기점도, 소기점도, 소악도, 진섬, 딴섬)

● 종교

섬 주민의 90%가 교회에 다니고 있으며, 대기점 교회와 소악 교회가 있다.

● 주요 생산물

농산물로는 마늘, 양파, 참깨, 고추, 팥, 고구마와 수산물로는 김, 낙지, 감태, 새우, 숭어, 망둥어 등이 있다.

● 이곳은 왜 '순례자의 섬'이 되었을까요?

기점·소악도에 속하는 신안 증도면은 주민 90%이상이 기독교인이다. 일년에 아홉 켤레 고무신이 닳아질 정도로 섬을 돌아다니며 전도한, 한국교회 역사상 첫 여성 순교자인 문준경 전도사가 있었기 때문이다.

● 순례자의 집 자랑께 & 카페 쉬랑께

위치: 신안군 증도면 소악길11

문의: 010-2918-9122(9241-9124)

신안은 남부권, 중부권, 북부권, 흑산권으로 나뉘어 있다. 그중 기점·소악도는 북부권에 속한다. 주소로는 증도면에 속하는 섬이다. 신안지도 전체 중 기점·소악도가 차지하는 비율은 너무나 미미하다.

기점·소악도 여행 안내

● 송공항 출발 여객선

하절기(4-9월) 배편: 06:50/ 09:30/ 12:50/ 15:30

동절기(10-3월) 배편: 06:50/09:40/13:30/16:00

주소: 전남 신안군 압해읍 압해로 1852-14

문의: 송공매표소 061-261-1006

도착지: 당사도(28분), 소악도(45분), 소기점도(52분), 대기점도(62분), 병풍도(69분).

● 송도항 출발 여객선

하절기(4-9월) 배편: 07:00/09:00/11:00/14:00/17:30

동절기(10-3월) 배편: 07:00/09:00/11:00/14:00/16:30

주소: 전남 신안군 지도읍 송도2길 68

문의: 신안군청 061-246-4222

도착지: 병풍도(25분)

1번부터 출발하려면 대기점도에서 내리면 된다. 병풍도를 통해 입도할 획이면 송공항보다는 송도항(25분)을 추천한다.

※차도 실을 수 있다.신분증지참 필수
※운항 시간 변동될 수 있으니 여객선 회사에 확인이 필요하다.

the Path of the Twelve Apostles

1부 열두 사도 길

생을 꾸역꾸역 걸으려는가?
힘차게 나아가려는가?
어떤 것도 나의 의지

the Path of the Twelve Apostles

베드로의 집
리더의 길

베드로Peter는

돌, 바위라는 뜻이다.

베드로에 관해

스승 예수는 '(지금이 아니라) 장차 게바라 하리라' 했다.

갈릴리 바다 북쪽 벳새다에서 태어나 자랐다.

요한(또는 요나)의 아들이며 안드레의 형이다.

예수를 만나기 전 어부로 살았으며 요한과 야고보 형제와 동업자 관계다.

신약성경 <베드로전서 전, 후서>를 기록했다고 한다.

십자가 처형 전 스승 예수를 세 번 모른다고 부인했다.

부활한 예수를 만나 '주님을 사랑한다'고 세 번 고백했다.

오순절 예루살렘 거리 설교로 삼천 명 회개시켰다.

예루살렘을 벗어나 당대 로마 세계 곳곳에서 복음 전도자가 되었다.

네로 황제에 의해 바티칸 언덕에서 십자가에 거꾸로 매달려 순교했다.

가톨릭 교회에서는 베드로를 초대 교황으로 존숭한다.

바티칸 베드로 기념교회 지하에 무덤이 있다.

윤환 작가
그리스 산토리니의 집들처럼 지붕은 푸른색,
벽채는 하얀색으로 만들었다.
언뜻 산토리니에 온 듯한 착각이 들 정도로 이국적이다.
이 예배당 옆에 작은 종이 있다.

순례길 시작을 알리며 열두 번의 종을 쳤다. 4월, 비가 흩뿌리고 있었고 추웠다. 바닷바람은 모든 걸 휩쓸고 가겠다는 듯 거세고 맹렬했다. 대기점도에 종소리가 울려 퍼진다. 종을 치다 자꾸만 손을 놓친다. 웅장하게 울려야 할 종소리가 띵, 하고 만다. 이걸 열두 번에 넣어야 해 말아야 해, 혼자 고민하다 피식 웃음이 나왔다.

나는 나 혼자 있어도 진지했다.

'베드로의 집'은 화장실, 작은 종, 예배당이 나란히 있다. 하양이 주조를 이루고 지붕은 쨍한 파랑이 얹어있다. 마치 이탈리아의 한 마을을 보는 듯하다. 지붕보다는 조금 연한 파란색 문을 열고 들어가자, 갈색 타일 바닥이 보였다. 한 가운데에 십자가가 있고 그 아래 길쭉한 창이 보였다. 창 바로 아래 단이 있었다. 그 단에 무릎을 꿇으면 창턱과 만날 것 같았다. 기도한다면 어떤 기도를 하게 될까? 나는 애써 기도를 외면했다. 나는 믿는 사람이 아니니까,라는 단정이 주저하게 했다. 베드로의 집 창, 보이는 것이라고는 온통 바다뿐이었다. 아직 순례라는 단어가 익숙하지 않은 나는, 후다닥 밖으로 나와 주변을 쳐다보았다. 대기점도 선착장이 있었고, 베드로의 집 바로 곁에는 벤치가 놓여 있었다. 아마도 서둘러 안드레의 집으로 가려는 관광객에게 여기 벤치에 앉아 뭍의 냄새를 바다의 풍경으로 털어내, 라고 이야기하는 것 같았다.

생을 꾸역꾸역 걸으려는가?
힘차게 나아가려는가?
그 어떤 것도 나의 의지

나는 꾸역 꾸역, 보다 힘차게 나아가기로 마음먹었다.

대기점도의 바닷소리가 말을 거는 것처럼 철썩거렸다. 나는 우산과 500ml 짜리 생수 하나, 만약을 대비한 만 원짜리 두 장을 가지고 있었다. 우산을 쓰기에 비는 자잘했고, 바람은 셌다. 나는 바람에 뒤흔들리는 우산의 무게를 견디는 쪽보다, 우산을 접기로 했다.

그러고 보면 생은 무수한 결정의 합집합이다. 이것 아니면 저것. 이 결정들이 나의 생을 부렸다.

걷고 싶을 때 필요한 것은, 생각이 끼어들 틈도 주지 않은 채 신발을 신고 나가는 것이다. 여기에 생각이 끼어들면 '이불 밖은 위험해!' 비명을 지르며 우리가 세운 계획들을 방해한다.

대기점도의 갯벌을 본다. 갯벌은 섬과 바다 중간에 자리해 들숨과 날숨을 뱉어낸다. 갯벌은 오목하고 부드럽고 매끈하다. 갯벌을 보려고 더 가까이 다가섰다. 이곳에 서식한다는 농게, 멍게가 분주하게 움직였다. 조심스레

다가갔는데 게의 무리는 순식간에 구멍으로 들어가 버렸다. 게가 숨어든 구멍은 잘 보이지 않았고, 비바람까지 나를 재촉했다. 바닷속을 헤집고 다니는 바다생물들이 갯벌을 건강하게 만든다. 지렁이가 텃밭을 기름지게 하는 것처럼. 자연은 스스로 공생한다. 저절로, 순환한다. 죽고, 먹이가 되어 다른 생을 존속시킨다. 자연에게 삶과 죽음은 뫼비우스의 띠처럼 물고 물린다. 자연은 물끄러미 묻는다.

'뭘 바라는 거니?'

베드로의 집 외길 끝, 컨테이너가 있다. <임시휴업-자전거 장비 관계로 당분간 임시휴업입니다. 양해 부탁드립니다> 컨테이너 바로 건너편에는 이곳이 유네스코 세계유산으로 지정되었다는 안내판과 빠뜨리모니토 Patrimonito, 저자주: 유네스코의 마스코트가 만세를 부르고 있었다.

2번 생각의 집으로 방향을 잡았다. 베드로의 집에서 외길을 벗어나면 양 갈래 길이 나온다. 왼쪽과 오른쪽. 안드레의 집약 600m은 오른쪽이다. 경사가 시작된다.

나는 지금 대기점도를 오롯하게 홀로 걷는 중이다.

주위를 둘러본다. 섬은 흐리고 고요했다. 저 너머를 보여줄 수 없다는 듯 하늘은 온통 먹구름이었고 섬은 섬대로, 바다는 바다대로, 풀들은 그 자체로 흔들리고 있었다. 그럼에도 4월은 연둣빛 새싹을 밀어내고 있었다.

한 발 한 발 내디딘다. 내가 잘 가고 있겠지?라는 마음이 들 때, 나무판으로 된 '순례자의 길'이라 적힌 안내판에 안심했다.

'네. 잘 오고 있는 거 맞아요.'

오른편은 먹빛 바다가 휘돌았고, 왼편은 봄풀들이 산을 가득 감싸고 있었다. 간간이 들려오는 새소리가 반가웠다. 물을 한 모금 마신다. 벌써 우산은 거추장스럽고, 닳아져 가는 물의 양은 걱정된다.

4월의 유채꽃이 나팔거리고 겹벚꽃이 눈을 즐겁게 한다.

생을 꾸역꾸역 걸으려는가?
힘차게 나아가려는가?
그 어떤 것도 나의 의지

나는 꾸역 꾸역, 보다 힘차게
나아가기로 마음먹었다.

the Path of the Twelve Apostles

안드레의 집
동칸자의 길

안드레Andrew는
남자답다는 뜻이다.

안드레에 관해
"오, 그리스도 주님이시여, 나를 받아주소서.
내가 본 그분, 내가 사랑한 그분, 그분 안에서 나는 내가 되었습니다.
주님이시여, 당신의 영원한 나라의 평안 가운데 이제 나의 영혼을
받아주시옵소서."
이것이 안드레가 드린 마지막 기도였다.
갈릴리 바다 북쪽 벳새다에서 태어났다.
요한의 아들, 베드로의 동생이다.
형과 같이 어부로 살았으며 주로 가버나움에서 생활했다.
세례 요한의 제자였으나 예수가 메시아임을 알고
그의 첫 제자Protokletos가 되었다.
형 베드로를 예수에게로 인도했다.
예수 승천 후 아카이다 소아시아에 가서 전도했다.
아카이아에서 X자형 십자가에 달려 순교했다.

이원석 작가

길고양이들을 섬의 수호신으로 상징.
밀물과 썰물을 해와 달로 해석하여 공간을 구둔, 돌절구, 여물통 등
주민의 삶과 풍경을 작품에 담았다. 발굴된 유물처럼 보이는 십자가 등을 설치하여
사유하는 작은 공간으로 꾸몄다.

오르막이 끝날 때쯤, 왼편에는 알록달록한 색깔의 마을이 보이고 오른편에 안드레의 집이 있다. 안드레의 집 지붕과 바닥에 고양이 조형물이 있다. 이곳에 유독 고양이가 많아 건축가가 이 예배당을 지을 때 고양이 조형물을 집어넣었다고 한다. 예배당에는 무조건 십자가를 올려야 해, 이런 마음으로 예배당을 지었다면 사람들이 쉽게 다가오지 않았을 것이다. 열두 사도 순례길 작은 예배당에는 고양이, 물고기, 새가 올려져 있다.

이곳 예배당은 특정 종교만을 위한 기도처가 아니다. 예배당은 대부분 두 평을 넘지 않는 작은 공간이다.

그곳에서 부딪히며 만나야 할 사람은 '나' 자신이었다.

누군가의 무엇으로만 고단했을 '나'를 맨얼굴로 만나는 곳. 그곳은 내가 나를 토닥거릴 수 있는, 그러니 공간이 클 이유가 없다. 그래서 이곳에 있는 예배당은 말 그대로 예배당일 수도, 성당일 수도, 암자일 수도, 은신처일 수도, 그 무엇도 될 수 있었다. 그래서 편안한 마음으로 문을 벌컥 열어젖힐 수 있었다.

이 사진은 안드레의 집 내부에 있는 모습 중 하나를 찍은 것이다. 마치 생살을 찢어발긴 후에야 비로소 모습을 드러내는 듯 연한 푸른빛의 십자가. 저걸 보는 것만으로 고통스러웠다. 나는 저 생채기를 무엇으로든 처덕처덕

채우려고 주위를 두리번거리고 있었다.

나의 방식이었다. 생채기가 나면 안에서는 고름이 흐르고 피가 철철 흘러도 아무도 모르게 얼른 덮어버리고, 가려버리고 마는.

불쑥, 나를 만나는 곳이 있다.

안드레의 집에서 훤히 보이는 지붕이 딸린 정자가 있다. 그 정자에서 바다를 보면 제법 긴 노둣길이 보인다. 대기점도와 병풍도를 잇는 노두다.

맨 처음 이곳을 1박 2일로 찾아왔을 때, 이곳에서 강렬한 체험을 했다. 그날 예닐곱 명이 1박 2일을 함께했고, 첫날밤 임병진 목사님은 우리를 이곳으로 데려오셨다. 우리는 은하수를 볼 수 있다는 기대로 들떴다. 목사님은 이곳 정자에 우리를 뺑 둘러앉혔다. 목사님이 이런저런 질문을 던지시고 차례로 그 질문에 대답하는 시간이었다. 밤은 점점 더 깊어만 갔다.

'이제부터 이 노두를 건너갈 거예요. 10m 간격으로 한 명씩 건널 거예요. 오롯하게 혼자 건너는 겁니다. 저는 차로 먼저 저 끝에 가 있을게요.'

깜깜한 밤. 혼자 노두를 걷는다.

처음에는 낯설고 무서웠다. 밤이 나를 집어삼킬 것만 같았다. 노두 양옆은 바다다. 물이 빠진 바다의 갯벌은 달빛을 받아 둥글게 자신을 드러내고 있었고 바닷속 생물들이 뱉어내는 소리를 고스란히 들을 수 있었다. 노두는 길었다. 가도 가도 끝에 가닿을 수는 있을까? 걱정됐다. 나의 감각들은 단단한 땅처럼 느껴지는 노두, 바람, 밀려오는 밤의 은밀한 소리에 다시 적응해야 했다. 그래도 앞뒤로 일행이 따라오고 있다는 게 위로가 되었다. 한참 걸으면서도 나는 제대로 혼자이지 못했다. 그러다 어느 순간, 아빠가 떠올랐다. 갑자기 우리 곁을 떠나셨던 아빠. 괜스레 아빠에게 말을 걸어본다.

'아빠, 잘 지내죠? 저 잘 지내고 있는 거 맞죠?'

그러다 내가 나를 불렀다.

'미정, 안미정.'
나를 가만하게 불렀던 시간이 얼마나 있었을까?

바쁘게 사는 게 잘 사는 거라고 이야기한다.
'바쁜 게 좋죠!'라고 사람들은 말했다.

그런 면에서 보면 나는 너무나 잘살고 있었다. 내가 잘 산다는 말을 듣기 위해 얼마나 파닥거렸는지, 이 파닥거림은 어느새 강력한 습관이 되어 더, 더, 더, 더더더. 파닥거려야 안심이 됐다. 그래서 사람들은 하나같이 나에게 내려놓으라고, 여유를 가지라고 제발 쉬라고 이야기했다. 나는 노두를 걸으며 나를 보았다. 노두 끝, 의자에 누워 하늘을 보았다. 은하수는 볼 수 없었지만 새로운 경험이었다.

누군가의 무엇으로만 고단했을
'나'를 맨 얼굴로 만나는 곳.
그제야 내가 나를
토닥거려 줄 수 있는
가려진,
숨겨진
장소가 필요했다.
그러니 공간이 클 이유가 없다.

the Path of the Twelve Apostles

야고보의 집
권력의 길

야고보James는
대신 들어앉다, 발뒤꿈치를 잡다라는 뜻이다.

야고보에 관해
베드로 형제와 같이 갈릴리 출생이다.
세베대의 아들이며 요한의 형제이다.
예수와 사촌지간으로 보기도 한다.
어부로 살았으며 베드로와 함께 동업했다.
야망 있고 충동적이지만 예수를 깊이 신뢰했다고 한다.
알패오의 아들 야고보와 구분하기 위해 '큰 야고보'라고 불렸다.
불같은 성격 탓에 '우레의 아들'이라는 별명을 얻었다.
예수를 정치적 메시아로 오해해 세속적인 지위를 구하기도 하고
예수가 붙잡힐 때 도망치기도 했으나
부활하신 주를 만나고 초대 교회의 기둥 같은 역할을 하다가,
헤롯 아그립바 1세에 의해 붙잡혀 살해당했다.
열두 사도 중 최초의 순교자가 되었다.
예루살렘과 유대에 복음을 전파했다.
스페인에 그의 이름을 따른 유명한 산티아고 순례길이 있다.

김강, 손민아 작가
논둑길을 따라 작은 호수 주변 숲속의 작은 예배당. 심플한 디자인에 로마식 기둥을 입구 양쪽에 세워 안정감이 돋보인다. 숲속의 오두막을 연상, 성덕대왕 신종의 비천상에서 영감을 받은 부즈가 설치돼 있다.

열두 사도 순례길 중에서 야고보의 집이 가장 인상 깊었다. 야고보의 집은 숨겨진 이야기가 있다.

무턱대고 그리움의 집이 아니다. 3번 야고보의 집은 다른 예배당에 비해 외딴곳에 있다. 2번 안드레의 집에서 한참을 마을로 들어가 약간의 언덕배기를 지나면 오른편에 휘휘하게 뚫린 논이 보인다. 그 논길 끝에 야고보의 집이 있었다.

한국 천주교 초기 100년은 만여 명의 순교자를 낸 처절한 순교의 역사였다. 박해 기간 중 천주교인들은 교수絞首, 참수斬首는 기본이고 자리개질, 생매장 등 매우 잔인한 방법으로 처형됐다. 머리채를 철사로 묶어 호야나무 가지에 매달아 고문하고, 참수도 마땅치 않다며 사지를 들어 자리개돌에 메치는 자리개질저자주: 곡식 단을 묶어 타작하는 것로 죽였다. 신도들은 자신의 신앙을 지키려면 죽어야만 되었고 대부분 죽음으로써 신앙을 지켰다.

**"믿지 않아요" 이 말 한마디면 죽음을 면할 수 있었는데
그들은 순교를 택했다.**

그들은 기도를 드려야 했다. 장소가 없었다. 그래서 야고보의 집 내부 예배당에는 선덕여왕 신종의 비천상에서 영감을 받은 부조가 설치돼 있었고, 예배당 뒤편으로 가면 벽면이 핑크로 칠해진 한 가운데 십자가가 오목하게

박혀있었다. 불교 벽화를 보고 치성을 올리지만 그들의 마음은 십자가에 머물러 있었다.

죽음,을 불사하고 믿는다는 건 무엇일까?

믿.지.않.아.요.

이 다섯 글자로 살 수 있는데도
기어이 죽음으로 걸어간 사람들이
핑크빛 십자가와 하나로 느껴졌다.

안과 밖
속과 겉

오직 하나에 모든 걸 내거는
한 사람 한 사람의 마음을
오래오래 바라보았다.

믿.지. 않.아.요.

이 다섯 글자로 살 수 있는데도
기어이 죽음으로 걸어간 사람들이
핑크빛 십자가와 하나로 느껴졌다.

안과 밖
속과 겉

오직 하나에 모든 걸 내거는
한 사람 한 사람의 마음을
오래오래 바라보았다.

the Path of the Twelve Apostles

요한의 집

사랑의 길

요한John은
하나님의 은혜라는 뜻이다.

요한에 관해
말년에는 핍박을 너무 많이 받아 몸이 상해서 들것에 뉘어져
제자들에 의해 모셔졌다고 하는데,
주일날이면 간신히 버티고 앉아
매주 같은 주제로 '소자들아! 서로 사랑하라!' 설교했다고 한다.
좋은 설교지만 똑같은 설교를 계속 듣다 보니 지겨워서
"선생님, 이번 주일에는 새로운 설교를 해 주십시오."라고 하면,
'소자들아, 새로운 설교를 하노니 서로 사랑하라!'라고 했다고 전해진다.
사랑을 외치다가 사랑 가운데서 죽어간 사도, 그의 이름은 요한이다.
세베대의 아들, 야고보의 형제, 예수와 사촌지간으로 알려져 있다.
어업을 크게 하는 부유한 가정에서 자랐고 그 자신도 어부였다.
쉽게 정죄하는 성격으로 젊어서는 야망이 있었다.
늙어서는 사랑만 전하는 사도가 되었다.
성경 최후의 책 요한복음을 기록했다.
최후의 만찬에서 예수의 품에 기댄 제자이다.
열두 제자 중 가장 젊었기에 오래 산 제자가 되었다.
밧모섬에 유배되었다가 풀려난 후 에베소에서 죽었다.

박영균 작가
전체모형은 남성을, 출입구는 여성을 상징한다. 뒤로 뚫린 긴 틈새로 보이는 무덤까지 연결된 삶과 죽음이 멀지 않다는 것, 우리 사는 동안에 뭇 생명들을 존중하고 더불어 평화로이 살다 가자는 이야기를 담고 있다.

요한의 집은 생명의 근원인 '자궁'을 형상화해서 만든 건축물이다. 목사님이 드론으로 요한의 집을 촬영한 영상을 보았을 때, 남성의 페니스가 보였다고 한다. 즉 자궁과 페니스는 사랑 결혼 임신 생명 출산과 밀접하다고 이야기해 주셨다. 임병진 목사님께서도 수년을 열두 사도 순례길을 다니고 안내하면서 조금씩 더 알게 되었다고 하셨다.

어떤 사람에 대해, 공간에 대해 얼마나 들여다보면
제대로 안다고 말할 수 있을까? 그럴 수는 있는 걸까?

계단 몇 개를 올라 요한의 집으로 들어간다. 세로로 긴 유리를 통해 밖을 내다보자, 무덤이 보였다. 예배당이 생명을 이야기했다면 예배당 내부에서는 죽음이 보였다.
우리가 태어나면서 단 하나의 진리는

'언젠가 죽는다.'

스스로가 태어남을 관여하지 않았다면, 죽음은 어떻게 할 거야? 라고 묻는 것 같았다. 결국 이곳 열두 사도 순례길에서 만나는 건 질문들이다.

'나', '관계', '믿음', '죽음'에 대해 그리고 이곳 요한의 집에서 보이는 무덤에는 노부부의 멋진 사랑 이야기가 담겨 있다. 정확한 이야기는 몰라 나름대

로 각색해 보았다.

아내가 죽었습니다. 아내가 너무 아파서.
'아내가 그만 아팠으면 좋겠다'고 기도했습니다. 태어나 처음 해보는 기도였습니다. 그리고 그 기도는 이뤄졌습니다. 기도를 잘못했나 봅니다. 그만 아프게 하는 게 죽음이란 걸 몰랐으니까요.

아내에게 죽이라도 끓여줘야지, 뭉근하게 뜸만 들이면 되지 싶었어요. 김치를 꺼내 아내가 먹기 좋게 자르고 있었어요. 죽은 금세 졸아 집 안에 탄내가 진동했어요. 누워 있던 아내가 벌떡 일어나 불을 껐어요. 엉망진창이 된 부엌을 하염없이 바라보기만 했어요. 나를 밀쳐내더니 주방을 정리했어요. 한마디도 하지 않는, 아니 자신을 위해 애쓴 나를 알아주지 않아 화가 났어요. 그래서 화를 냈어요. 그 순간은 아내가 아프다는 것도 잊어버렸어요. 화난 내 감정이 더 컸으니까요.

'왜 내 맘을 알아주지 않아? 당신 주려고 죽을 쒔다고! 염병할!'
염병, 이 왜 나왔을까요? 아내는 아무 말도 하지 않고 나를 보고 있어요. 그런데 아내 눈을 똑바로 볼 수 없었어요.

아내 눈동자에 평생 단 한 번도 아내를 알아보려고 하지 않았던 내가 비췄거든요. 본디부터 내 아내였다고 생각했나 봐요. 아내는 40년이 넘게 가족을 살폈어요. 누구하나 알아주는 사람도 없이 고단하게, 아프게.

아내에게 이제라도 사과하고 싶었어요. 사과하려고 다시 고개를 든 순간 아내가 쓰러졌어요. 구급 헬기에 아내가 실려가고 나는 혼자 남았어요. 아내는 일주일째 중환자실에 있다고 딸에게 연락이 왔어요.

'아버지, 엄마 얼마 안 남으셨대요. 언제든 위급상황이 생길 수 있어요. 퇴원해 저희 집으로 데려갈게요. 아버지도 올라 오실래요? 밥 잘 챙겨 드세요.'

'엄마는 어떠니?'

'안 좋아요. 저희를 잘 몰라보세요. 그 와중에도 아버지 밥 차리러 가야 한다고 자꾸 길을 나서려고 해요.'

사경을 헤매면서도 내 끼니를 걱정했다는 말에 눈물이 나왔어요. 한참 울고 나니 배가 고팠어요. 밥은 93시간째 보온 중이에요. 밥솥을 열었는데 고약한 냄새가 나요. 라면 물을 올려요. 머릿속이

벅적거려요. 물은 팔팔 끓기 시작하고 라면, 수프, 계란을 한꺼번에 넣고 저었어요. 물을 너무 많이 부었는지 라면이 흥건해요. 김치를 넣으면 간이 맞겠다 싶어 김치를 넣었어요. 라면은 퉁퉁 불었어요.

라면을 먹어요. 혼자 라면을 먹어요. 앞으로 더 많은 시간을 혼자 차려 먹어야 해요. 아내를 보러 가야겠어요.

요한의 집 안에서 할머니의 무덤이 보인다. 할아버지는 매일 아내의 무덤을 쓰다듬는다. 지난날 알아봐 주지 못했던 세월을 되갚기라도 하듯, 그렇게.

사랑은 뭘까? 무수한 사람들이 진정한 사랑을 꿈꾼다. 오직 한 사람만이라도 나를 알아봐 주기를 기대한다.

그 기대와 믿음은 시간이라는 무심한 단어 앞에 무너진다. 그럼에도, 한쪽으로 치우칠 수밖에 없는 감정.

그래도 내 편이 있다고,
이 세상 단 한 명의 내 편만 있어도 살 수 있다.

사랑은 그랬다.

어떤 사람에 대해,
공간에 대해,
얼마나 들여다보면
제대로 안다고 말할 수 있을까요?

그럴 수는 있는 걸까요?

the Path of the Twelve Apostles

빌립의 집
계산하는 사람, 완벽주의자의 길

빌립Philip은
말을 사랑하는 자, 말의 친구라는 뜻이다.

빌립에 관해
신중한 완벽주의자로 알려져 있다.
고향은 갈릴리 서쪽 가장자리에 위치한 어촌 벳새다이다.
베드로 형제, 야고보 형제와 친구였다.
그 역시 어부로 알려져 있다.
예수가 오천 명을 먹일 때 믿음에 시험을 받았다.
예루살렘에서 예수를 만나고 싶어 하던 헬라인들을 데려왔다.
예수의 마지막 기도 때 하나님 아버지를 보여달라고 질문했다.
후에 그리스와 튀르키예에서 선교했다.
지금 파묵칼레로 알려진 히에라폴리스에서 순교했다.

장 미셸 후비오 작가
얄룩 마스 작가
부르노 프루네 작가
요라이 아브라함 슈발 작가

전통적인 프랑스 남부의 건축 양식, 지붕의 바람 창은 주민들의 절구통을 뚫어서 활용했다. 철탑에는 물고기 조형물이 달려있어 이곳이 바다와 더불어 사는 섬이라는 것과 주민들의 생업을 표현했다.

5번 빌립의 집은 프랑스 남부의 전형적인 교회 양식으로 지은 건물이다. 지붕의 십자가를 대신한 물고기 조각은 이 섬이 어부들의 땅임을 상징한다. 빌립의 집은 프랑스에서 온 장미셸 후비오와 그의 동료들의 작품이다. 붉은 벽돌과 작은 돌을 차곡차곡 쌓아서 지은 건물인데 작은 돌들은 작가가 해변에서 하나하나 주워서 일일이 씻은 것들이다. 벽돌, 돌 뿐만 아니라 작가의 정성스런 기도로 쌓아 올려진 건축물이다.

빌립의 집은 독특하다. 본체보다 지붕이 훨씬 더 큰 가분수 형태의 예배당이다. 그런데 본래 그 모양으로 있었던 것처럼 자연스럽다. 노두를 향해 창을 내 바다를 볼 수 있는 아담한 예배당. 지척에 있는 노두가 잠길까 걱정하는 나에게 말을 건네고 있었다.

프랑스의 공공조각 설치예술가인 장미셸 후비오의 직업은 자동차 딜러라고 한다. 자동차를 2대 정도 팔면 2년 동안 떠돌며 살 수 있는 수익이 생긴다고 한다. 그렇게 떠돌다 이곳 '순례자의 섬'에 자신의 작품을 남긴 것이다. 생계는 말 그대로 생계일 뿐, 그는 2년의 자유가 더 높은 목표였던 것이다. 후비오의 삶이 궁금했다. 여기 신안뿐만 아니라 포항에서도 어떤 프로젝트에 참여한 걸로 검색된다. 하지만 더 이상 상세한 그의 이력은 보이지 않았다.

계산하는 사람, 완벽주의

나는 프리랜서다. 프리랜서란 단어에는 많은 뜻이 숨어있다. 고정급이 없다. 그래서 이달에 얼마를 벌게 될지 모른다. 나는 오랜 시간 동안 서너 가지 일을 하고 있다. 한국에서 여성이 프리랜서로 한 달에 300만원이 넘는 돈을 번다는 것,은 거의 불가능에 가깝다. 십여 년 전, 거의 모든 시간을 돈 버는 데 할애할 때가 있었다. 월화수목금금금 아침 7시부터 밤 12시까지 일했다. 매일 서너 군데의 직장을 다녔다. 구청 공공근로로 8시부터 4시 30분까지 근무했고, 끝나면 부리나케 버스를 타고 보습학원으로 가 5시 30분부터 8시 반까지 아이들을 가르쳤다. 그리고 또 9시부터 12시까지 90명 직원의 밥을 해주는 식당 보조 일을 했다. 아침에는 구청 본부장 비서였고, 오후에는 학원 선생님, 밤에는 식당 보조였다. 왜 식당에서 사람들은 나를 날이 선 목소리로 "아줌마!"라고 부르는지. 대형오븐에서 두 개의 밥솥을 꺼내 외수레에 실어 배급 판까지 나르는 일은 늘 공포였다. 밥솥에 깔리는 꿈을 꾸고 나서도 한 달을 채우느라, 내 딴에는 무던히도 애를 썼다. 그렇게 새벽 한 시가 다 되어 집에 도착하면 몸은 자꾸만 무너지려고 했다.

수많은 일을 했다. 주변 사람들에게 어떤 일이나 시켜주라고 부탁을 해놓고 닥치는 대로 일했다. 어린이 교통안전 교육 강사, 창의 수학 방과 후 선생님, 한자부 방과 후 선생님, 수학 과외, 학원 강사, 교육청 소속 진로 코치, 라이브카페 종업원, 학교 임시 교무 실무, 주말 영재 수학 방과 후 선생님.

나에게 계산이란 단어는 절체절명의 단어였다. 매달 들어가야 할 돈은 정해져 있고, 그게 한두 달 사정이 생겨 벌지 못하면 순식간에 빚이 되었다. 빚을 지게 되면 나는 더 많은 일을 해야 했다.

잠들려는 몸을 일으켜 한두 시간 책을 읽었다. 그때 나는 방송통신대학 편입생이었고, 생오지 소설창작 대학 습작생이었다. 읽어야 할 책도 많았고, 리포트도 많았다. 이 모든 걸 했다. 돈을 벌고 짬짬이 책을 읽고 공부했다.

내가 매일 100페이지가 넘는 책을 읽어댔던 건, 이렇게 일만 하다 늙어 죽고 싶지 않았기 때문이다. 내가 나에게 희망을 심어줘야 했다. 나중에는 무뎌져 아무런 통각도 느껴지지 않게 될 즈음, 나는 나쁜 생각까지 하고 있었다. 어쩌면 주저앉는 일이 더 쉽지 않았을까? 내 어깨에 먼지 한 올만 올려져도 폭삭 무너져 내릴 것 같았던 어느 날, 아무리 안간힘을 써도 내 앞날이 그려지지 않았다. 점심시간도 없었다. 천 원짜리 김밥 하나를 이동하는 차 안에서 꾸역꾸역 욱여넣었다. 괜찮다, 씩 웃기까지 했다

그 당시 나는 작가가 되겠다는 계산으로 나를 매번 살려내고 있었다. 하지만 작가가 된 후에도 나는 나를 먹여 살리느라 고군분투 중이다.

십여 년 동안의 이력으로 이제는 거뜬히 목표 이상의 돈을 벌고 있다. 물론 1년에 두세 번은 안 될 때도 있다. 하지만 괜찮다.

나는 가끔 내가 가진 현금을 계산한다. 내가 아무것도 하지 않고 몇 달을 살 수 있는지를 계산한다. 3, 4년 전부터 한 6개월 정도는 먹고 살 수 있게 되었고, 이 사실은 지금도 그렇다.

그래서 어느 날은 심하게 아무것도 하지 않는다. 그래도 괜찮아졌다.

참 다행인 건, 고생스러웠던 모든 시간 동안 읽어댔고 써댔고 걸었다는 것이다. 지금도 마찬가지다.

나는 오늘도 계산한다. 어제 월급이 들어왔기 때문이다.

그 당시 나는
작가가 되겠다는 계산으로
나를 매번 살려내고 있었다.
하지만 작가가 된 후에도
나는 나를 먹여 살리느라
고군분투 중이다.

the Path of the Twelve Apostles

나다나엘의 집
인생 질문의 길

나다나엘Nathanael은
하나님의 선물이라는 뜻이다.

나다나엘에 관해
"어떻게 나를 아십니까?"
그는 자신을 제자로 삼기 위해 찾아온 예수에게 물었다.
바돌로매라고도 불렸다.
갈릴리 예수의 마을 나사렛 근처 가나 출신이다.
정직하고 진취적이며 참이스라엘 사람이라 칭함을 받았다.
빌립과 친한 친구 관계였다.
빌립이 나다나엘을 예수에게 인도했다.
후에 빌립과 함께 그리스와 튀르키예에서 전도했다.
빌립이 히에라폴리스에서 순교한 뒤에는
홀로 동방 코카서스 산맥 여러 나라로 갔다.
거기서 산 채로 살가죽이 벗겨진 채 머리를 베여 순교했다.
마태, 마가, 누가복음에는 '바돌로매'라는 이름으로 기록되었고,
요한복음에는 '나다니엘'로 기록되었다.
아람어(Aramaic)에서 파생한 '바돌로매'의 뜻은 '돌마이의 아들'이란 뜻이고,
'나다니엘'의 뜻은 '하나님이 주셨다'이다.

장 미셸 후비오 작가
얄룩 마스 작가
누워서 하늘을 바라볼 수 있도록 물결 모양의 마루가 있다.
태양광 패널이 설치되어 한낮의 빛을 모아 밤에는 은은한 빛을 밝힌다.
낮과 밤 모두 아름다운 자연의 빛과 색채에 감사하게 되는 곳이다.

열두 사도 순례길에서 유일하게 보기만 해야 하는 곳이다. 저수지 한 가운데에 나다니엘의 집이 있다. 음표처럼 쉼표처럼 곡선으로 이뤄져 있다. 알록달록 스테인드 글라스가 신기루처럼 보이기도 한다. 볼 수 있지만 가닿을 수 없는.

마치 모든 곳에 가닿을 수 없는 게 인생이라고 이야기하는 것 같았다.

가 닿을 수도 머물 수도 없는 이곳. 열두 사도 순례길을 1번부터 걸었다면 이곳쯤부터 지친다. 발걸음도 묵직해지고, 한 시 전에는 8번 노두를 지나가야 한다는 생각에 마음이 급했다.

섬과 섬을 노두가 연결해 준다. 매일 두 번 바다는 노두를 삼킨다. 도시 사람에게 길이 사라진다는 건 공포다.

나는 걷는 내내 불안했다. 혹시 내 걸음이 늦어 노두가 바닷물로 차올라버리면 어떡하지?라는 불안이 발길을 재촉했다. 가져간 생수도 다 마셨고 우산도 거추장스럽다. 그늘이 없어 뜨겁다. 벌써 겉옷을 벗어 허리춤에 묶었는데도 덥다. 이런저런 마음들로 시끌벅적할 때쯤 마주치게 되는 나다니엘의 집. 감사의 집이라는 단어에 고개를 갸웃했다.

인생이란 우리가 전全 심장으로 사랑하는 그 무엇으로써 채워야만 한다. 그렇지 않으면 인생은 공허하고 불만족한 것이 될 것이다. 난 좀 슬프다. 기도를 드리고 싶다. 나는 가시를 하나 품고 있다. 내 가슴의 가장 깊은 곳에. 때때로 나는 그곳이 아픈 것을 느낀다. 그러면 난 아주, 아주 홀로 가장 어두운 방 속에 있고 싶어진다. 거기서 촛불이 타는 것을 바라보고 싶다. 그러나 난 도한 뜨겁게 갈망한다. 사랑을! 인간의 사랑과 따스함을.

전혜린, <목마른 계절> 중에서

책을 읽다 보면, 이 작가 덕분에 살아냈다,라는 마음이 들 때가 있다. 나에게 전혜린의 문장이 그랬다.

전혜린, 1934년생. 1955년 독일로 유학을 떠난다. 독일에서 결혼하고 딸을 낳고, 번역 일을 하면서 가난하게 산다. 1959년 귀국하여 선생님으로, 교수로 일한다. 1964년 이혼. 1965년 1월 11일 수면제 과다 복용으로 사망. 나이 31세.

요절한 천재 이야기할 때마다 전혜린은 거론된다. 전혜린이 번역한 독일 소설들은 당시 호평을 받으며 전혜린 신드롬이란 단어를 만들기도 했다. 사후 출판된 '그리고 아무 말도 하지 않았다.'는 한국을 대표하는 수필집이다.

"인생이란 우리가 전全 심장으로 사랑하는 그 무엇으로써 채워야만 한다. 그렇지 않으면 인생은 공허하고 불만족한 것이 될 것이다."

자그마한 체구에 이런 거대한 문장을 품고 사느라 얼마나 버거웠을까? 그 시대 여성의 삶은 거기서 거기였다. 결혼하고 아이를 낳고 현모양처라는 참 모진 단어를 온몸에 휘감고 살아야 했다. 전혜린이 느꼈을 괴리가 그녀의 책 속 문장에 고스란하게 박혀있었다.

사람의 심리는 묘하다. 내가 전혜린의 문장에서 위로받았던 건, 서울대 법대를 나와 뮌헨대학에 유학을 간 전혜린도 나와 너무나 비슷한 생각을 했다는 것. 돈이 뚝 떨어져 생계를 걱정하고, 자신의 영혼까지 탈탈 털며, 생활비를 벌기 위해 번역을 해내느라 정작 자신의 문장을 쓰지 못해 미치게 괴롭다는 문장을 읽었을 때는 친한 친구가 된 것 같았다. 친정에서 붙여줄 돈을 기다리고, 독일의 추운 날씨를 견뎌내느라 무기력해진 몸과 마음의 간극을 이야기하는 문장을 읽을 때는, 가스비를 아끼겠다며 켠 전기장판과 차가운 방안 공기 사이 손가락이 펴지지 않았던 나의 당시가 떠올랐다. 딸 정화를 출산하기 전, 돈은 떨어지고 친정에서 보내주기로 한 돈은 오지 않아 전전긍긍했다는 문장에서는, 나의 만삭시절, 급체였으나 약은 먹을 수는 없고, 3만원과 5만원짜리 영양제 중 어떤 걸 맞겠느냐는 물음에, 떨리는 목소리로 '3만원이요'라고 했던 그 때, 병원비를 내겠다며 집에서 가져간 저금통. 영양제를 맞으면서도, 저금통 속 돈을 세며 혹시 모자랄까 조마조마했던 기억과 겹쳤다. 내가 태어나기 전에 세상을 뜬 그녀가, 허덕거렸던 내 생을 위로해 주었다.

> 인생이란 고되고 이익 없는 일만으로 이루어지고, 최후의 휴식을 주는 죽음에 이르기까지 오래, 오래 발을 끌며 걸어야만 하는 잿빛의 암담한 풍경처럼 나에게는 보였다. 나는 절대를 추구한다. 그러나 생은 나에게 평범과 피상의 것 외에 아무것도 제공해지 않는다.
> 전혜린, <이 모든 괴로움을 또다시> 중에서

"나는 절대를 추구한다. 그러나 생은 나에게 평범과 피상의 것 외에 아무것

도 제공하지 않는다."

이 문장을 읽었을 때는 옳소! 외쳤다. 나는 매번 극한까지 치닫고 싶은데 아이는 빽빽 울어대며 나를 현실로 데려다 놓았다. 그 시절이 지난 지금의 나는, 좋다.

생은 지극히 지금,을 이야기하는 것이다.

그때를 겪으며 생긴 몸과 마음의 근육은 지금을 훨씬 더 가뿐하게 살도록 해준다. 그래서 나는 나의 지난날의 고단이 좋다. 물론, 감당할 수 없는 난제들이 도미노처럼 나를 덮쳐왔을 때가 있었다. 하나님을 믿지도 않으면서 나는 하늘을 째려보며 강짜를 부렸다.

"저기요, 하나님. 저를 잘못 봤어요. 감당할 만큼만 주는 거라면서요? 이건 해도 해도 너무 하잖아요. 도대체 언제까지 어디까지 가야 하는 거예요?"

그러고 보면 이렇게 벼랑 끝에서야 뻔뻔하게 하나님을 불렀다. 그리고 그 일이 어느 정도 수습이 되면 나는 또 까맣게 잊고 지냈다.

이곳은,
마치 모든곳에
가닿을 수 없는 게
인생이라고 이야기하는 것 같았다.

가닿을 수도
머무를 수도 없는 곳.

the Path of the Twelve Apostles

도마의 집
질문, 의심하는 사람의 길

도마Thomas는

쌍둥이를 의미하는 아람어이고 '테오마'에서 유래한 이름이다.
헬라어로는 '디두모'라고 한다.

도마에 관해

"내 눈으로 못 자국을 보고
내 손을 옆구리에 넣어 보지 않고는 절대로 믿을 수 없어!"
갈릴리 출생이다.
예수의 부활을 믿지 못하고 의심했다.
페르시아, 인도에서 전도하다 순교한 것으로 전해진다.
후에 기독교인들이 도마에게 지어준 별명은 '의심하는 자'로
부정적인 이미지이다.
그러나 의심은 불신이 아니다.
의심은 믿음 없음이 아니며 믿음의 적음도 아니다.
의심은 믿음을 확신의 자리로 이끌어가는 마중물이다.
의심 많은 사람은 다른 사람에 비하여
결정 속도가 거북이처럼 늦어 답답해 보일 수 있다.
그런데 의심 많은 사람에게 절실히 필요한 것은
생각할 수 있는 충분한 시간과 과정이다.
도마는 신앙의 느린 걸음을 걷는 사도처럼 보이지만
마음에 확신이 생기면 그제야 움직인다.

김강 작가
왼쪽 벽에는 오병이어 부조가 있고, 신비한 빛깔의 푸른색 안료는
모로코에서 가져왔다. 별들이 내려와 박힌 듯 구슬 바닥과
푸른 둔이 인상적이다.

이곳은 나에게 사연의 장소다. 나는 매번 이곳을 지나쳤다. 처음에는 무리로 다니며 목사님께서 이끌고 다니는 데로 따라다니느라 '7번'이 빠진 것을 인지하지 못했다.

두 번째, 오롯하게 혼자 1번 베드로의 집에서부터 걷기 시작했을 때는 지친 몸과 물이 슬슬 차오르는 8번 노두를 서둘러 건너야 한다는 급한 마음에 지나쳤다. 몸이 지쳤을 때 시험에 든 것처럼 나는 7번을 내내 비껴가는 중이었다. 그러다 보니 마음이 쓰였다. 그리고 세 번째는 원고의 초안을 완성하겠다는 마음이 앞서서였을까? 또 망설였다.

모자부터 눌러쓰고 출발했다. 7번 인연의 집은 또 무슨 이야기를 할까? 궁금했다. 8번 노두를 지나 게스트하우스와 쉼터가 있는 곳에 주차했다. 그리고 7번 이정표를 향해 걷기 시작했다. 좁은 진입로가 나왔다. 잠시 이곳이 섬이라는 걸 잊게 된다. 농촌에 들어선 기분이다. 오른편으로 논이 있고, 진입로에 들어서서 왼편 약간 높은 지대에 집이 있다. 전형적인 시골 좁은 길을 걷는 것 같았다. 걸을수록 도착할수록 기대가 일었다.

일부러 접근성을 어렵게 한 게 아니었을까?

생에서 뜻하지 않는 게 있는 것처럼 이곳도 접근하기 어려운 곳으로 계획한 게 아니었는지.

그래서 기어코 오는 자들을 두 배 세 배 더 격하게 환영해 주는 건 아닌지, 괜한 기대에 콧노래가 나왔다. 5월 따스한 햇살이 나를 감싸는 시간 정오였다. 진입로로부터 왼편으로 크게 돌고 나면 이곳이 맞아?라는 생각이 들 때쯤 7번 인연의 집 하얀색의 뒷모습이 보였다.

반가웠다. 초행길을 가다 보면 불쑥 찾아오는 두려움이 있다. 이렇게 가는 게 맞아? 내 안에 의심이 일고, 혹 길을 잃을지도 모른다는 불안과 만난다. 아무것도 알아챌 수 없는 곳의 길 찾기는 늘 그랬다. 그래서 웬만하면 사람들 사이에서 그들을 따라가는 편을 선택한다.

그곳에 당도하고 나서야, 지금까지 나를 따라붙었던 두려움이 물러난다. 7번은 그렇게 길 한가운데 위치했다. 주변에 아무것도 없는 채, 혼자서.

7번 인연의 집은 특별해 보이지 않는다. 전체가 하양이고 진파랑의 물결 같은 선이 지붕을 대신한다. 지붕이라고 말하고 나니, 지붕은 아니다. 파랑 문을 열고 들어갔다. 뚫린 십자가가 보인다. 그리고 군데군데 더 뚫려있다. 그곳을 통해 본 바깥은 낯설고 반가웠다. 왜 프레임을 통해 본 것들은 특별해 보일까? 방금 평범했던 바다를 보았는데, 정사각형 프레임을 통하니 마치 딱 그만큼의 바다에 집중하게 된다. 나무가 풀이 꽃이 바다가 하늘이 그랬다.

되돌아 나오지 않고 8번 이정표를 따라 나갔다. 차를 주차해둔 곳과 만났다. 순례길 '집' 들은 게스트하우스를 가운데 두고 뺑 둘러 있었다.

초행길을 가다 보면
불쑥 찾아오는 두려움이 있다.
이렇게 가는 게 맞아?
내 안의 의심과 만나고,
혹 길을 잃을지도 모른다는
막강한 불안을 경험하게 된다.
아무것도 알아챌 수 없는 곳에서
길 찾기는 늘 그랬다.

the Path of the Twelve Apostles

마태의 집
변화의 길

마태Matthew는
하나님의 선물이라는 뜻이다.

마태에 관해
마태의 직업은 세리, 세리가 창기와 함께
사회적으로 가장 지탄받는 대상이 되었던 두 가지 이유,
세리는 로마 정부의 녹을 먹는 세무관이기 때문에,
유대인들의 편에서 볼 때 그들은 매국노이다.
'계속 이렇게 살 수는 없잖아. 나도 변해야지.
내 남은 인생을 사람들의 지탄과 조롱을 받으며 살아갈 수는 없잖아!'
레위라고도 불렸다.
갈릴리 호수 가버나움의 세리였다.
후에 마태복음을 기록했다.
아프리카로 가서 선교했고 에티오피아에서 순교했다.

김윤환 작가
금빛의 양파 모양의 돔은 섬 주민들의 일상과 삶에 경의를
표하고자 고안했다. 밀물 때 고립되고, 썰물이 되어 다시 드러나는
일상의 기쁨이 반복되는 곳이다.

8번 마태의 집은 소악도로 들어가는 노두 한 가운데 위치했다. 즉, 바다 한 가운데 있다. 물이 잠기면 갈 수 없고 물이 빠질 때만 노두로 갈 수 있다. 월력(月曆)이 작동되어야 건널 수 있는 곳이다.

이곳은 도시와 다른 달력을 사용한다. 5월 달력을 유심히 보았다. 3물로 시작해 11물까지 있고 한객기 대객기, 조금이다. 그리고 다시 1물부터 시작해 11물, 한객기 대객기 조금을 반복한다. 바다의 높이가 매일 다르다고 한다. 월력, 달의 힘에 따라 매일 높낮이가 다르다고 한다.

같은 24시간을 살지만, 도시의 24시간과 섬의 24시간은 다르다. 도시가 해의 시간으로 출퇴근을 반복하고 남들과 비슷하게 살아간다면 섬은 달의 시간을 몸으로 익히며 매일을 계획한다. 자연에 순응해야만 하는 천혜 환경의 삶.

낯선 단어들을 검색해 봐도 잘 모르겠다. 문학에서는 '조금새끼'라는 단어가 있다. '조금새끼'는 조금 물때에 밴 새끼,라는 뜻으로 조금 때는 바닷물이 조금밖에 나지 않아 선원들이 출어를 포기하고 쉬는 때라고 한다. 그때 집집마다 애를 갖는 물때이기도 해서 붙여진 이름이라고 한다.

처음 8번 마태의 집에 갈 때였다. 이곳의 환경을 전혀 알지 못하는 우리는 임병진 목사님의 가이드를 따라가는 중이었다. 한참을 급하게 다니다가 8번 마태의 집에 가기 전 게스트하우스에서 우리를 쉬게 했다. 목사님은 물

때를 기다리고 있었다.

물이 차오르기 시작할 때 양말과 신발을 벗고 노두를, 맨발로 바다를 건너는 것이다. 바닷물은 무서운 속도로 차올랐다. 한 명 한 명, 또는 무리로 노두를 건넜다.

그리고 나 혼자 이곳 노두를 지날 때였다. 11시 정도에 1번 베드로의 집으로 출발할 때 목사님 하신 말.
'1시 전에는 소악도에 도착하셔야 해요. 그래야 2시 반 배를 탈 수 있어요.'

걷다 보니 날씨는 더웠고, 지쳐가고 있었다. 그래서 7번을 지나쳤다. 빨리 화장실을 가고 싶었고 시원한 음료수도 마시고 싶었다. 그리고 무엇보다 1시가 가까워지고 있었다. 서둘러 게스트하우스 휴게소에 도착했다.

헉, 노두에 물이 차오르기 시작하고 있었다.

마음이 급해졌다. 양말 신발을 벗는 것도 기억해 내지 못한 채 서둘렀다. 여럿이 함께 건널 때는 깔깔 웃으며 바닷물을 제치며 건너갔는데 혼자 건널 때는 마음이 달랐다. 괜히 조바심이 났고,

'수영도 못하는데 바다에 빠지면 어떡해!!'

그 마음이 컸다. 결국 신발이 젖었고, 바지 끝단부터 젖기 시작했다. 마치 양편의 바다가 나를 향해 성큼 날름거리며 다가오는 것 같았다. 8번 마태의 집은 보는 둥 마는 둥 나는 노두를 빠져나가는 데 급급했다.

노두 끝 벤치에 앉아 숨을 돌렸다. 신발을 벗고 바지 끝단의 물기를 꽉 짰다. 무사히 노두를 빠져나왔다는 '다행'이라는 마음은 금세 사라지고 여벌이 없는 신발이 걱정됐다. 그러다 급변하는 나의 감정에 웃음이 나왔다. 바쁘게 사는 동안 나는 이게 익숙했다. 급변하는 감정들을 신속하게 처리해 내는 것, 말이다.

누가 시킨 것도 아닌데, 무엇 때문에 그랬을까?

다시 바다를 바라보았다. 노두는 물에 잠겼다. 이제 온전한 바다가 된 것이다.

한 시가 넘자 목사님께 전화가 왔다. 물의 시간을 알아서였다. 반가움에 신발도 양말도 바지도 다 젖었다고 했더니

'제대로 걸으셨네요.'라고 말씀하셨다.

나는 제대로 걸었고, 교회 슬리퍼를 신은 채, 이장님 댁 밥을 두 그릇이나 먹은 대로-두 시간을 넘게 긴장하고 걸었는지 배가 엄청 고팠다-짐을 싸서

2시 30분 배를 타고 집으로 돌아왔다.

마태의 집에 붙은 단어 '변화'를 생각했다. 나에게 변화는 어떤 것일까? 변화는 사는 동안 필수처럼 따라붙었다. 더더구나 급변하는 사회에 발 맞춰 나가기 위해 여러 개의 페르소나persona는 필수였다.

맨얼굴과 페르소나를 이야기했던 강신주의 <철학이 필요한 시간>이 떠올랐다. 나는 이 부분을 읽을 때 맨얼굴과 페르소나를 반대의 단어로 받아들였다. 강신주는 이렇게 이야기했다. 페르소나로 사느라 정작 자신의 맨얼굴을 잊지는 않았는지, 어느 날 맨얼굴과 조우하는 시간을 위해 맨얼굴을 살피라고, 페르소나는 페르소나대로 인정, 맨얼굴은 맨얼굴대로 인정.

아, 둘 다 인정할 수도 있었어. 왜 나는 OX 이분법적으로만 접근해 하나는 맞고 다른 하나는 틀리다,고 생각했을까? 이 경직된 생각으로 세상을 살아가고 있었다는 걸 알아챘다. 그래서 나는 페르소나라는 단어를 떠올리면 피식 웃는다. 지난날의 나를 만나서다. 미흡한 지난날의 나와 오늘 이 시간의 미흡한 자신과 만난다. 어떻게든 미흡하다는 걸 인정하기로 했다.

나는 변화,라는 단어를 좋아한다. 앞으로 있게 될 나의 변화들을 두 팔 벌려 환영하며 기대하기로 마음먹었다.

소악도 선착장 부근에서
여행객들에게 밥을 내주고
차를 내어주는 가족
도시인의 경험으로
그 가족의 호의가 부담스러웠고
충분히 의심스러웠다.

왜?

누가 시킨 것도 아닌데,
무엇 때문에
왜
그랬을까?

the Path of the Twelve Apostles

작은 야고보의 집
작은 자의 길

야고보(James)는
큰 야고보와 같은 대신 들어 앉다, 발꿈치를 잡다는 뜻이다.

야고보에 관해

세베대의 아들 야고보와 같은 이름이다.
'이름 없이 빛도 없이 감사하며 섬기리라.'
알패오의 아들 야고보라고도 불렸다.
갈릴리 출생이다.
어머니는 마리아이다.
작다는 '키가 작다' 또는 '어리다'는 의미로
세베대의 아들 '큰' 야고보와 구분하는 용도로 사용되었다.
지금 팔레스타인 가자지구 일대에서 그리고 이집트에서 선교하다
거기서 순교한 것으로 전해진다.

장미셸, 파코, 브루노 작가
유럽의 바닷가에 어부의 기도소가 있듯,
기점·소악도 어부의 집으로 구상되었다. 바다를 상징하는 파도와
커다란 물고기를 전면에 배치했다. 기점·소악도의 돌이 설치되어
그 돌을 쓰다듬으며 소망을 기원하도록 한 작품이다.

8번 마태의 집 노두를 건너고 났을 때, 목사님은 흙으로 된 산책길을 알려 주었다. 외길이라고 그 산책길이 끝나면 9번 작은 야고보의 집이 나온다고 거기까지 보고 교회로 오세요. 노두를 건너면서 긴장했던 몸이 깔끄막^{가파르게 비탈진 곳이라는 뜻} 흙길을 적응해야 했다. 여럿이어도 한 명씩 지나가야 할 정도로 길은 좁았다. 지금 생각해 보니 산길이었다. 풀이 무성했고, 건너편으로는 바다가 보였다. 한참을 걷고 나자 너른 길이 나왔고 그제야 삼삼오오 본격적인 수다가 시작됐다. 산책은 느닷없이 시작해 와, 꽤 길다,라는 마음이 생기고 가파른 내리막길이 나타난 지 얼마 되지 않아 9번 작은 야고보의 집에 닿았다. 낯선 흙길이 끝나고 마주친 작은 야고보의 집은 정겹게 우리를 맞았다.

처음, 곡선 모양의 지붕이 부드럽게 느껴졌다. 권위적이지 않고 수더분한 느낌이 들었다. 작고 아담해 벌컥 문을 열고 들어가도 괜찮아 보였다. 바로 앞에 바다가 펼쳐져 있었고 햇빛에 반짝거리는 윤슬에 눈이 부셨다. 이야, 감탄사만 나왔다.

이런 외진 곳에 길을 만들어 내고
사이사이 작은 예배당을 만들어
멈춰 서게 하는 열두 사도 순례길이 나는 갈수록 마음에 들었다.

'작은 야고보', 야고보라는 이름이 많아서 구별하기 위해 작은, 이라는 형용

사를 붙인 작은 야고보,

'작은'이라는 단어를 보면, 태어나 파들거리면서 나에게 안겼던 2.8킬로그램 첫 아이에 대한 기억이 떠올랐다. 그 당시 2.8킬로그램의 아가는 분명 작았지만, 엄마가 처음이었던 나에게는 지구, 아니 우주 모두를 합한 무게보다 더 무거웠다.

나의 보살핌이 없다면 아가는 죽을 게 뻔했다. 절대적으로 아가의 생존권을 책임져야 하는 것, 준비가 됐든 되지 않았든 아가는 그렇게 불쑥 내 생에 침투해 거대한 '실전'이 되었다. 두 시간, 정확하게 두 시간마다 몸을 틀며 애애, 거렸다. 잠을 푹 자지 못한 초보 엄마는 비몽사몽 일어나 우유병에 분유를 담는다. 물을 끓이고 뜨거운 물과 찬물을 섞어 적당한 온도 체크를 한다. 손등에 분유를 올리기도 하고, 젖병을 볼에 가져가 보기도 한다. 그 사이 아이는 본격적으로 울기 시작한다. 아가의 산성은 들어도 들어도 쩌렁쩌렁 우렁차다. 살겠다며 저렇게 큰 소리로 자신을 이야기하는 것이다. 아가를 안아 젖병을 물리면 꼴깍꼴깍 젖병을 빤다. 다 먹을 때쯤 또 잠이 든다. 기저귀를 갈 때 엄지와 검지를 모아 동그라미를 만든다. 그 안으로 아가의 발목 두 개가 잡혔다. 잘못해 발목을 놓치면 아가의 발이 떨어지고 온몸을 파들거린다. 엄마는 아가의 파들거림이 미안하다.

그렇게 매일 아가를 키우는 일만으로 1초도 놓치지 않았던 시절이 있었다.

그때 나의 소망은 제발 푹 자는 거였다. 쪽잠을 자듯 두 시간마다 깨 아가를 살펴야 하는 일, 아가가 자면서 내뱉는 잠꼬대 같은 옹알이 하나에도 엄마의 뇌는 자동 반사처럼 잠에서 깨 아가를 살폈다.

**지금 생각해 보면 내가 아가를 키웠던 게 아니라,
아가가 나를 엄마로 만들고 있었다.**

새 생명을 낳고 그 생명의 생존을 책임져 본 사람만의 예민함이 있다. 생물학적으로 임신은 너무나 기이한 일이다. 감기바이러스만 들어가도 몸속 세포들은 일제히 공격 버튼을 눌러 바이러스를 해치운다. 그런데 단 하나, 낯선 수정체만은 엄마의 몸도, 세포도, 뇌도 협조한다. 공격이 아닌 협조로 생명체를 받아들이고 열 달을 키워내는 일은, 그래서 기적이다.

생은 어마어마하게 커다란 것들보다 자세히 들여다봐야 하는 미세한 것들로 더 많이 성장했다.

2.8킬로그램으로 바들거렸던 아가는 지금 멋진 아가씨와 예쁘게 알콩달콩 가정을 이루며 살고 있다. 이제 나와 아들은 적당한 거리를 두며 서로의 삶을 응원하는 사이가 되었다.

3.6킬로그램으로 태어난 둘째는 지금 나랑 잘 지내는 중이다. 서로 이야기

를 들어주고 고민도 털어놓는 사이가 됐다. 시시콜콜 별의별 이야기를 하고 들어주는 사이 말이다. 이 작기만 했던 아가들이 나의 자궁에 담겼고, 자궁 길을 통해 세상에 나왔고, 오로지 이 아가들의 생존을 위해 전전긍긍했던 작디 작은 나,라는 엄마가 있었다.

작기만 했던 아가들이
나의 자궁에 담겼고,
자궁 길을 통해
세상에 나왔고,
오로지 이 아가들의
생존을 위해
전전긍긍했던
작디작은 나,라는
엄마가 있었다.

the Path of the Twelve Apostles

다대오 유다의 집
찬양의 길

다대오 유다 Thaddaeus Judas에서

유다는 찬양이고, 다대오는 사랑받은 아들이라는 뜻이다.

유다 다대오에 관해

성경에 유일하게 딱 한 번 등장하는 제자이다.
'이름 없이 빛도 없이 섬겼던 제자'이다.
또 다른 야고보라는 사람의 아들로 알려져 있다.
십자가 사건이 있었던 날 전날 밤 예수에게
"어찌하여 자기를 우리에게는 나타내시고
세상에는 아니하려 하시나이까?"라고
당돌하게 질문한 제자이다.
지금 튀르키예 산르우르파인 에데사로 가서 선교했고
거시 아브가르 왕의 병을 치유했다고 한다.
시리아의 다메섹^{다마스쿠스}에서 선교하다가 순교한 것으로 전해진다.

손민아 작가
진섬의 큰길이 모이는 이곳에서, 각기 다른 지붕의 내부가 하나의 공간이듯,
모두 다르게 살아가는 사람들이 여유를 가지고 서로를 칭찬하고 배려하는
하나의 마음을 가지길 바라는 마음을 담은 작품이다.

열두 사도 순례길을 네 번을 가고 나서야 섬의 방향과 위치가 명확해졌다.

소악도 선착장을 기점으로 하면
진섬-소악도-소기점도-대기점도-병풍도 순서다.

12번 가룟 유다의 집이 있는 딴섬은 소악도 너머에 있다. 10번 다대오 유다의 집은 소악도와 진섬 사이에 있다. 3번, 7번처럼 깊숙이 숨어있지 않고 전면에 나와 있다. 뾰족뾰족 지붕의 모양이 먼저 보였다. 하양이 주색이고 다른 건축물과 비슷하게 진한 파랑을 덧붙여 돋보였다. 전면에 드러나 있어서인지 이곳에 오래 머문다기보다 어딘가를 가기 위해 잠깐 들리는 곳 같았다.

11번을 가기 전 만나는, 진입로 같은, 이곳 다대오 유다의 단어는 '찬양'이다.

찬양의 뜻을 검색해 본다.
찬양: 아름답고 훌륭함을 크게 기리고 드러내다.

좋아요,라는 이름의 덫;
요즘 SNSsocial network service는 필수다. 나도 블로그, 인스타그램, 페이스북, 유튜브까지 하고 있다. 나는 되도록 이웃의 새 글은 빠짐없이 읽으려고 한다. 그런데 이웃의 수가 천 명이 넘은 후부터 새 글을 보지 못한 날이면 아무리 좋아요,를 눌러도 새 글은 끝나지 않을 정도로 넘쳐났다. 그러다 의미도 없는 공감을 누르기 시작했다. 내가 스스로 안위하기 위한 조작,이었다. 이렇게 매일 수백 개의 좋아요,를 누르면서 무언가 중요한 것들이 빠져나가고 있었다. 결국, 나는 좋아요,란 덫에 걸려 있었다. 나 또한 수백 개의 좋아요,에 신이 나서 들썩거렸었다. 좋아요, 수가 적으면 실망했었다. 이런 마음을 가지며 다시 한번 내 글의 댓글과 공감을 살펴봤다. 도배를 하듯 댓글을 복사한 후 붙여쓰기하는 이웃. 심지어 똑같은 댓글을 붙여쓰기했다. 내가 쓴 글의 내용과 상관이 없는 마음이 텅 빈 댓글도 많았다.

'어떡하지?'

결국 나의 꾀에 스스로가 넘어간 결과였다. 나 또한 꼼꼼히 이웃의 글을 읽지 않았다. 하기야 요즘 타인의 글을 정성껏 읽는다는 게 쉬운 일은 아니었다. 자기 글을 토해내느라 정작 남의 글은 대면대면했다.

수백 개의 좋아요, 보다 내 글을 꼼꼼히 읽고 정성스러운 댓글을 달아주는 사람을 알아채는 것부터 시작해야겠다. 모든 새 글을 다 읽을 수는 없지만 읽게 된다면 정성을 다해 읽어야겠다.

모든 시작은 '나'로부터다. '너'로 인해 내가 그렇게 됐다,라는 말은 하지 않아야 한다.

SNS로 인해 세상은 더 급속도로 세계화되고 있다. 지금 이곳의 여기,와 저곳의 저기,와 실시간 접속이 된다. 시간과 공간을 넘나들며 세계의 24시간이 열려있는 것이다. 그래서일까? 너무 많은 세상 이야기에 노출된 우리의 뇌는 웬만해선 반응이 없다. 더 세게, 더더 세게, 더더더 자극적이기를 요구한다. 온갖 가십거리들이 세상을 한 바퀴 도는 데 걸리는 시간도 실시간이다.

이렇게 저렇게 정작 자신은 어디론가 사라지고, 타인이 좋아할 것들을 찍어 올리느라 몸도 마음도 뇌까지도 분주하다. 2023년 남녀노소 그 누구도 바쁘지 않은 사람이 없다. 무엇이 우리를 바쁘게 만들었을까?

한병철의 <시간의 향기>에 '시간의 보복'이란 말이 나온다. 사람들은 시간을 기다리지 않고, 주체적 개입을 통해 시간을 단축했다. 기차, 자동차, 비행기, 전신, 라디오, 컴퓨터, 인터넷, 디지털화, 이 모든 것이 시간을 단축하기 위한 지난한 싸움이었다. 시간에 구속되지 않고 완전한 주체가 되기 위한 싸움이었다. 그런데 이 싸움 속에서 전통적인 시간의 리듬, 그리고 그 리듬 위에 형성된 삶에 대한 감각은 파괴된다. 모든 과정을 단축할 수 있는 인간의 막대한 능력이 시간을 더할 나위 없이 가볍게 만들었다. 무엇을 얻기 위해 필요한 시간이 줄어드는데 비례하여 시간의 값은 가벼워지기 시작했다, 그러자 시간의 보복이 시작됐다. 무게를 잃어버린 시간은 댐이 무너진 거센 물살처럼 마구 흘러가 버린다. 인생도 그 물살에 휩쓸려 가볍게 떠내려간다.

'지금까지 인간은 지칠 줄 모르고 세계를 변혁해 왔다. 하지만 문제는 세계의 뜻에 대해 사색하는 것이다.'
한병철, <시간의 향기> 9-11페이지

vita contemplativa
비타 콘템플라티바: 사색적인 삶

이런 외진 곳에
도시계획을 하듯
길을 만들어 내고
사이사이
작은 예배당을 만들어
멈춰 서게 하는
이 계획이
나는 갈수록
마음에 들었다.

the Path of the Twelve Apostles

시몬의 집
애국의 길

시몬Simon은
듣다, 귀 기울이다라는 뜻이다.

시몬에 관해
베드로의 사사로운 이름 시몬과 동명이인이다
가나나인 시몬 혹은 셀롯인 즉, 열심당원이라고 불렸다.
사도로서의 행적에 관한 기록은 딱히 없다.
레바논 일대와 그리고 페르시아에서 전도하다.
기둥에 거꾸로 매달려 톱으로 몸이 잘려 순교했다고 전해진다.
예수님 당시 유대인들 사이에는 크게 네 개의 파벌이 있었다.

> 1.바리새인: 율법에 관심이 많았던 그룹. 율법을 지키고, 관리하고, 해석하고, 하나님의 율법 토라를 수호하는 일에 매우 열정을 가졌던 사람들이다. 이들은 종교적인 일종의 근본주의자들이었다. 율법을 잘 지키는 일에 매우 관심이 많았지만 정치적으로는 상당히 무관심했다.

> 2.사두개인: 예수님 당시 유대인들 가운데 가장 영향력이 컸던 그룹이다. 이들은 당시 성전을 지키던 제사장 계급 사람들로서 종교적으로는 자유주의자들이었다. 자유주의자들은 성경을 문자 그대

로 믿지 않고 멋대로 해석하던 사람들이었다. 바리새인과는 정반대 입장에 선 사람들이다. 정치적으로는 친로마주의자였다. 대부분은 상류 귀족 계급이었다. 로마에 붙어 기득권을 누리던 계급이 당시의 사두개인이었다.

3.에세네파: 원래는 제사장들이었으나 사두개인들의 행태를 미워하며 성전과 멀어진 사람들이다. 일종의 금욕주의자들로서, 매사에 경건을 추구했고 욕심을 절제하며 살았다. 이들은 사회적으로 격리되어 광야로 나가 일종의 공동체를 이루었다. 이스라엘 사해변 유다광야의 쿰란이 이들이 세운 마을이다.

4. 열심당원(셀롯인): 철저한 반로마주의자들이었다. 로마 사람들을 아주 싫어했다. 무력 투쟁을 통해서라도 민족이 회복되어야 한다고 굳게 믿었던 일종의 공격적 애국주의자들이었다. 이들은 로마에 세금 내는 것을 거부했으며 극단의 폭력과 테러를 통해 로마인들 혹인 친로마적 유대인들을 살인하는 일에 가담했다. 극단적인 열심당원들의 로마인들을 향한 증오와 폭력은 결국 유대인의 파멸을 가져왔다.

시몬이 바로 이 열심당원 출신이었다.

강영민 작가

반쯤 감긴 눈으로 졸고 있는 하트는 완성된 사랑을 의미한다.
연인들에게는 사랑의 개선문이 되고, 사랑의 상처가 있는 이에겐
치유의 공간이 되길 바라는 마음의 공간

이곳 시몬의 집은 다른 예배당과 다르게 앞뒤가 뻥 뚫려있다. 바다를 향해 모습을 드러내고 있는 시몬의 집 앞에 벤치가 있었다. 바다 쪽 방향을 앉으면 시몬의 집과 등을 진 모양이 된다. 그곳에 앉아 바다를 보고 있으면 무념무상이 된다. 그런 나를 시몬의 집이 바라봐 주고 있는 기분이 들었다. 풍경에, 건축물에 감탄했다.

시몬의 집을 기점으로 오른쪽으로는 딴섬 12번 가룟 유다의 집이고 건축물을 끼고 왼쪽은 또 산책길이 나온다. 그 길을 따라 걸으면 소악도 선착장에 도착한다. 섬 사이사이에 야트막한 산이 있는 것이다. 그날은 후텁지근했다. 이곳 섬사람들에게 가장 힘든 게 뭐냐고 물었다.

'모기예요. 섬모기는 너무나 독해요. 그래서 여름에는 사람들이 오지 않아요.'
'그렇다면 모기에 대한 나름 방법이 있지 않나요?'
'그냥 철이 지나가길 기다리죠.'
'아······.'

나는 철이 지나가길 기다린다,라는 말을 한참 생각했다. 섬사람들은 자연으로부터 사람이 얼마나 무력한지 경험했다. 섬사람들은 물때를 맞춰서 살아야 한다. 역행하지 않는, 모든 오는 것들을 받아들이겠다는 심정을 기본적으로 담은 채, 이곳을 사는 게 아닐까? 모기가 괴롭다고 모기를 죽이는 방법을 연구하는 게 아니라, 물려 가려우면 며칠 긁다가 그 계절이 지나가길 기다리는 쪽을 선택했다. 견디고 받아들이며 사는 것이다.

8번과 9번 사이의 산 흙길,
그리고 11번의 왼편으로 갈 수 있는 산길.

이곳은 자신의 걸음으로 갈 수 있는 만큼 길이를 늘릴 수도 줄일 수도 있다. 그래서 이곳은 서둘러 12km가 아니라 기웃거리며, 들여다보며, 에둘러 멀리멀리 걸어보라고 이야기하고 싶다.

'애국'이라는 단어가 시몬의 집에 부합된 단어다. 좀처럼 애국이라는 단어는 나에게 낯설다. 애국, 나라를 사랑하는. 내가 나라를 사랑하는가?

이분법적으로 대답해야 한다면 나는 우리나라를 사랑한다. 개인의 운명이 국가의 운명을 뛰어넘을 수 없다는 점에서 우리나라가 참 잘 되기를 기본적으로 바란다.

예전 거대 담론을 가지고 살았던 그 시대. 식민 시절에는 자유 국가를 품었을 것이고, 독재 시절에는 민주주의를 외쳤을 것이다. 그런 거대 단어들 앞에서만 애국이라는 단어를 붙일 수 있었을까?

거대 단어들-독립, 민주, 평화-을 표면적으로 이루게 된 후, 그제야 지극히 개인적인 것들이 작품으로 등장하게 됐다. 간지러운 사랑 이야기가 등장하고, 너무나 소소한 가족 이야기가 사람들의 마음을 따뜻하게 했다. 지질한 개인의 이야기가 주목받기도 했다.

한편에서는 걱정한다.
우리가 거대 담론으로부터 너무 멀어진 게 아닌가?

너무나 바빠지고 이제는 SNS의 주체가 된 개인들은 자신이 보고 싶고, 듣고 싶고, 읽고 싶은 것들에 집중한다. 누구나 스타가 될 수 있는 막강한 개인화 사회에서 애국, 지금 이 시대를 사는 사람들의 애국이란 의미에 대해 나도 궁금해졌다.

뻥 뚫린 시몬의 집 벤치에 하염없이 앉아 바다에서 반짝거리며 비치는 은빛 물결을 바라보았다.

작디작은 섬은,
열두 개의 예배당은,
그리고 지금 걷고 있는
나의 걸음은,
지금 당장이 아니라
이 마음을 말이나 글로 내뱉을 때야
비로소 생착生着한다.

시몬의 집에 오거든,
뻥 뚫린 시몬의 집 앞 벤치에 앉아보세요.
그리고 시간이 영원한 것처럼
여유롭게 바다를 보세요.

흐리면 흐린대로
맑으면 맑은대로
바람이 부는대로
바다는 여러분을 가만하게
바라볼 것입니다.

그렇게 바다의 눈길을 받고 돌아오면
마음이 좋아질 겁니다.
다시 살 마음이 생길 겁니다.

이분법적으로 대답해야 한다면
나는 우리나라를 사랑한다.
개인의 운명이 국가의 운명을
뛰어넘을 수 없다는 점에서
나는 우리나라가 참 잘 되기를
기본적으로 바란다.

the Path of the Twelve Apostles

가룟 유다의 집
죽음: 자살의 길

가룟 유다 Judas Iscariot 는

가룟(이스가리옷) 출신을 의미하며, 찬양하다라는 뜻이다.

가룟 유다에 관해

예수님 곁에 가장 가까이 머물러
적어도 2년 이상의 삶을 함께했음에도
기어이 예수님을 닮지 못하고 배반자가 되어 버린 제자이다.
유일한 유대 출신의 제자이다.
예수님 제자 공동체에서 돈궤를 맡아 관리한 회계 담당이었다.
은 삼십 세겔에 예수를 팔기로 제사장들과 의논했다.
단 번의 입맞춤으로 예수를 배반했다.
양심의 가책을 받아 그의 피 값을 돌려주었다.
밖으로 나가 스스로 목매어 자살했다.

손민아 작가
12개의 작품을 지나오는 동안, 힘들었을 마음을
종탑에서 열두 번의 종을 천천히 치며 하나씩 허공에 날려버리고,
새로운 마음으로 지혜를 얻기를 바라는 마음이 담긴 공간이다.

나도 부서져 가고 있다. 이 사실을 인정하면
가슴 한 켠이 쓰라리다. 벌써 몸은 재가 된 기분이야.
[리틀 그린 백]을 다시 틀라구.
빨간 머큐로크롬을 바르듯 마음에 발라야겠어.
잠깐, 작가는 왜 폐허나 죽음에 집착할까. 심심하니까?
죽음에 대한 생각도 껌처럼 씹다보면 별게 아님을 확인하고 싶으니까?
새로운 에너지를 주고 죽어라 살게 만드는 건 결국 죽음이니까?
글쎄, 그런가?
당신은 어떻게 생각하는가.
신현림 <나의 아름다운 창>, 213페이지

'나도 부서져가고 있다.'
인정: 그럴 것이다. 자연적으로 우리는 태어나자마자 죽음을 향해 발을 내디딘다.

'죽어라 살게 만드는 건 결국 죽음이니까?'
불인정: 죽어라 살게 만드는 것, 내가 사는 동안 죽어라 살게 만들었던 건 어떤 날은 파들거렸던 아이들이었고, 그 아이들이 자란 후에는 먼 훗날의 내가 나를 살게 했다. 그 먼 훗날의 나는 늘 거창했다. 하지만 그 거창했던 꿈도 한 계절 한 계절이 되면 이뤄내고 있었다. 그래서 나에게 죽어라 살게 만드는 건 지극히, 결국 팔딱팔딱한 생이었다.

하지만 극단으로 몰고 가는 문장은 언제나 나를 설레게 한다. 그래서 나는 저 문장에 심쿵했다. 우리가 첫,인상에 반했다가도 거기에 확대경이나 현미경으로 자세히 들여다본다면 어디 하나 이상하지 않은 곳을 찾기가 더 힘들다. 특히 글쓰기 속 문장은 그렇다. 주어를 비틀고 처음 적힌 동사보다 훨씬 더 적확한 동사로 바꾸고 꾸밈말을 빼고 넣고를 반복해 생각하다 보면 어느새, 내 문장은 괴물이 될 때가 많았다.

> 책의 모든 문장은 저자의 생각이 뻗어나갈 수 있는 한계의 안쪽에 서만 나오죠. 그래서 모든 책은 저자 자신이에요. 그러니 책 속의 문장이 바뀌려면 저자가 달라져야만 해요.
> 김연수 <이토록 평범한 미래>, 27페이지

결국 나는 오늘 나만큼의 문장밖에 쓸 수 없는 것이다. 그래도 나는 매일 조금씩 달라질 것을 기대한다.

"왜 울 것 같은지 몰라도, 누가 말을 걸거나 빤히 쳐다보면 눈물이 줄줄 흐르고, 목구멍에서 흐느낌이 치솟아 일주일 내내 목 놓아 울 것 같은" 깊은 슬픔과 공허감.

나에게도 이런 날이 있었다. 아이들에게 현재의 빈곤한 상태를 이야기 한 날, 엄마로서 부끄러워서 눈물이 났다. 아무리 애를 써도 그 당시 나는 아이

학교에 낼 수업료도 내지 못하고 있었다.

한 번 터진 눈물은 지난 모든 날을 눈물로 쏟아내겠다는 듯, 일주일 내내 누가 쳐다만 봐도 주르르 눈물이 나왔다. 수업을 받던 1학년 초등학생이 건넨 말,

'선생님, 슬퍼요?'

꾹 눌러 담고 있었던 눈물이 왈칵 쏟아졌다. 아이도 내 반응에 너무 놀라 마치 자신 때문에 내가 운다는 생각이 들었는지 우왕! 소리를 내며 울기 시작했다. 아이를 달래려고 안아 등을 토닥거리자, 아이도 울음을 멈춰가며 내 등을 토닥거려 주었다. 그 자그마한 손의 토닥거림은 나에게 큰 위로가 되어주었다. 결국 슬픈 사람을 대하는 법은 아이가 가장 잘 알고 있었다.

1. 눈을 마주쳐 상대의 마음을 읽는다.
2. 직접적으로 묻는다.
3. 등을 토닥거리며 같이 울어준다.

하지만 시작하려는 순간, 팔목의 살갗이 너무 허옇고 무방비 상태여서 칼을 댈 수가 없었다. 죽이고 싶은 게 그 살갗이나 엄지 밑에서 뛰는 파란 핏줄이 아니라, 다른 데 있는 것만 같았다. 더 깊고

은밀하고, 다다르기가 훨씬 어려운 곳에.
이화경 <버지니아울프와 밤을 새다>, 82-83페이지

문득 내가 왜 이 문장을 좋아했지? 생각해 본다. 아마 저 때 나는 저 단어들을 지나가고 있었을 것이다. 거대한 생이라는 이름을 살아내는 건 늘 숨이 찼다. 안간힘을 써가며 이를 악물고 버티는 시간이 좀처럼 끝나지 않았다. 평생 이렇게 살게 될까 두려움이 극에 달한 날, 아니다. 그 극이 점차 줄어들고 처음 평안함을 느꼈을 때였다. 그날, 깜깜한 밤 퇴근길이었다. 도로에 차들도 한가했다. 속도를 올렸다. 100, 110, 130이 지나자 핸들이 흔들렸다. 그 순간 강렬한 생각 하나가 나를 사로잡았다.

이대로 계속 속도를 높여가다 핸들에서 손을 떼고 눈을 감고 싶다,란 생각. 그 생각 끝에는

'그래도 괜찮겠다.'

140이라는 게이지의 숫자가 차를 미치게 흔들렸다. 덜컥 겁이 나 브레이크 페달에 발을 갖다 댔다.

로마의 언어에서 '살다'와 '사람들 사이에 존재하다'는 동의어고, '죽다'는 '사람들 사이에 존재하지 않는다'와 동의어다.

살다=사람들 사이에 존재한다.
죽다=사람들 사이에 존재하지 않는다.

존재存在: 현실에 실제로 있음.

이곳 12번째 예배당도 물이 들면 갈 수 없다. 나도 세 번째에야 이곳에 갈 수 있었다. 이곳은 고즈넉하게 아담하게 자신을 드러내고 있었다. 이곳에도 벤치가 놓여 있다. 1번 베드로의 집의 벤치와는 다른 느낌이다.

마침내 다다랐다,라는 마음 뒤로 묘한 마음이 생겼다. 내 안이 무언가로 뒤채였다. 바쁘게 사느라 정작 만나지 못했던 스스로가 낯설었을까? 섬이라는 이유로 고립, 갇혀 나가지 못하면 어떡하지,라는 불안을 데리고 걸었다.

배가 뜨지 못하면 발이 묶인다. 안개가 심해도, 바람이 심하게 불어도 하루에도 수십 번 변하는 바다의 풍랑, 풍속을 뭍을 사는 내가 알 리 없다. 그래서 불안했다. 뭍의 시간으로 오후 두 시 반 배를 타는 게 확실하다며 선착장에 도착하면 세시 십분. 광주에 도착하면 넉넉하게 네 시 반, 집에 가서 옷을 갈아입고 출발하면 다섯 시 약속 시간에 맞출 수 있겠다, 생각했다. 그래서 계속 시계를 쳐다보고 선착장 앞 이장님 카페에서도 혼자서 안절부절못했다.

그러다 이곳에 간 세 번째부터는 시간을 넉넉하게 비우고 들어오게 됐다. 어떻게 될지 모르는 섬의 시간을 받아들이기로 마음을 먹고 나자, 걸음은 느슨해졌고, 시선은 꼼꼼해졌다.

걸음이 쫓기면, 눈도 생각도 쫓기게 된다. 몸은 한 치의 오차 없이 마음을 내뱉고 있었다.

하지만 시작하려는 순간,
팔목의 살갗이 너무 허옇고
무방비 상태여서
칼을 댈 수가 없었다.
죽이고 싶은 게
그 살갗이나 엄지 밑에서
뛰는 파란 핏줄이 아니라,
다른 데 있는 것만 같았다.
더 깊고 은밀하고,
다다르기가 훨씬 어려운 곳에.

the Path of the Twelve Apostles

인터뷰

소악도 청년 현우씨
5대째 소악도 주민 김양운님 부부

인터뷰1
소악도 청년 현우씨

이곳에 '의심'이란 단어를 붙여주었다. 요즘은 서로를 의심하고 신고하는 세상이다. 상대에게 함부로 호의를 베풀 수도 없다. 아마 그래서였을 것이다.

소악도 선착장 부근에서 여행객들에게 기꺼이 차를 내주고 밥을 내어주는 가족,을 도시인의 시선으로 그 가족의 호의가 부담스러웠고 충분히 의심스러웠다.

왜?

궁금했다. 그곳에서 방실방실 웃으며 사람들을 맞이하는 현우씨를 인터뷰했다. 현우씨는 이곳 유명인이다. 유일한 초등학생으로 소악분교에 입학했던 2000년 3월 2일, 축 입학 김현우, 이름으로 소나무도 심었고 소나무 아래 기념석도 놓여 있었다. 지금은 휴교령이 내려져 있었다.

현우씨는 이제 장성해서 자신의 의지와 결정으로 이곳에 살기로 했다. 그는 중학생이 되었을 때 이곳을 떠나야 했다. 섬에는 중학교가 없기 때문이었다. 목포에 있는 할머니 댁에서 중학교를 다녔다. 다시는 섬으로 돌아갈 생각을 하지 않았다. 그렇게 중학교 고등학교 대학교를 다니며 도시 생활에 물들어 갔고 나름 자신감도 붙었을 때였다.

그런데 정말 갑자기,였다. 섬이라는 특성상 언제 죽어도 이상할 게 없었다. 엄마 아빠가 갑자기 죽을 수도 있는데,라는 생각이 한 번 들고 나자, 그 생각은 걷잡을 수 없이 커졌다고 했다. 누나와 상의하고 진섬으로 돌아올 것을 결정했다고 한다.

여기서 여자 친구도 만나게 됐다고, 영상 일을 하는 여자 친구 이야기를 할 때는 영락없는 젊은 청년이었다.

현우씨가 말했다.
'섬에 사람들이 오는 게 정말 좋아요. 섬은 사람을 늘 그리워해요.'

제가 왔을 때, 열두 사도 순례길 사업이 시작되고 있었고 젊은 제가 여러모로 쓸모가 있어서 좋았어요. 엄마는 여행객들이 먹을 밥과 반찬을 하고, 저는 커피를 내려요. 그들의 입에서 '이곳 너무 좋아요!' 소리를 들을 때가 제일 좋다고 이야기했다. 정말 이곳에 와줘서 고마워 밥을 대접하는 거예요. 그냥 그 순수한 마음 그대로 받아주셨으면 좋겠어요.

인터뷰하고 있을 때, 한 손님이 말했다.
'제가 육십오 평생을 살았어요. 정말 이렇게 밥만 먹고 가도 된다는 게 믿기지 않아요. 정말 감사해요. 정말 잘 먹었어요. 또 올게요.'

호의가 호의로 받아들여지기를, 의심조차 무안해져서 잊고 지냈던 따순 밥 냄새로 배를 채우기를. 그렇게 이곳에서 밥을 먹었던 사람들이 쌀을 보내주고, 먹거리를 보내준다고 했다. 되로 주고 말로 받는 기분이라고, 씩 웃었다.

섬 청년의 웃음이 좋았다. 그가 그곳에 있어서 좋았다.
지금은 휴교 중인 소악분교가 다시 활짝 열리기를 기대했다.

인터뷰2
5대째 소악도 주민
김양운님 부부

이곳에 5대째 거주하고 계시는 소악도 이장님이시자 병풍도의 어촌계장으로 봉사하고 계시는 김양운님과 최영매님 부부를 인터뷰했다.

그에게 소악도는 자신의 전부인 곳이었다. 그리고 가족은 부인, 딸 둘에 아들 하나. 딸 둘은 결혼을 해 타 도시에서 가정을 일구고 김양운님이 살고 있는 진섬에는 부인과 초등학교 입학 때부터 마을의 마스코트였던 섬 소년, 이제는 서른두 살 섬 청년이 된 아들과 함께 살고 있다. 아들까지 5대째 이곳에 사는 중이라고 했다.

"20대 때에 학교 졸업하고 서울로 갔다가 1년 정도 살았는데 이상하게 저는 시골로 오고 싶었어요. 그때는 도시에서 공부하고 시골로 들어오면 부모님 얼굴에 먹칠한다고 생각하던 때였어요."

김양운님은 하얗게 센 머리를 긁적이며 말을 이었다.
"하지만 부모님은 개의치 않으셨어요. 내가 여기 들어온 것에 대해서 한 번도 섭섭해 하지 않으셨어요. 그 당시 소악도만 생각하면 진짜 가고 싶어 미칠 정도였어요. 들어와서 살아보니까 현실이 보였어요. 그립고 좋게 생각했던 고향인데 살아보니 미래가 없었어요. 그래서 안 되겠다. 그때 나갔으면 안 들어왔겠죠. 그리운 곳에 가서 살아보니 아니더라, 나가자. 늦기 전에."

그렇게 세 번 나가려고 단단히 마음먹었다. 하지만 그는 번번이 이런저런 이유로 이곳을 떠날 수 없었다.

열두 사도 순례길이 생기고 2019년 11월에 행사를 했어요. 순례길 완성이 되지 않았지만 개방했어요. 어수선하게 행사를 마치고 세상에 알렸던 날이었어요. 사람들이 그때부터 이곳에 들어오기 시작했어요. 이 사람들이 선착장에서 배를 한 시간 이상 기다리고 있는 거예요. 그래서 다가가 물었어요.

"어때요? 괜찮나요?"
"너무 좋았어요. 하지만 다시는 안 오고 싶어요."
"왜요?"
"배 기다리는 시간이 너무 춥고 힘들어요."

그 소리를 듣고 깜짝 놀랐어요. 그 사람들 입장을 알겠더라고요. 어느 날 젊은 남자가 저희 집을 노크해요. 컵라면을 들고 와 따뜻한 물을 좀 달라고 했어요. 궁금함에 따라 나가봤어요. 그 남자가 선창으로 걸어가 자기 부인에

게 컵라면을 건네주고 바람을 막아가며 컵라면을 먹는 모습을 보고 마음이 복잡했어요.

열두 사도 순례길이 안 생겼으면 저 사람들이 여기 올 일이 없었을 텐데,라는 생각까지 들었어요.

"섬에 살면서 불편하지 않았나요?"

"불편한 건 모르겠어요. 하지만 걱정된 건 있어요. 다들 도시로 나가려고 했어요. 제가 태어난 섬이 잘못하면 사람이 살지 않는 섬이 될 수도 있겠다. 저는 이게 걱정이에요."

열두 사도 순례길이 되어 사람들이 오는 섬이 됐는데, 사람들이 고생하고 있었다.

저 사람들이 추울 때 추위를 피할 수 있는 곳이 있었으면 좋겠다. 사람들을 거실에 와서 쉬었다 가게 해야겠다. 마음먹었다. 그래서 거실을 오픈했는데 사람들에게 거실 오픈한 걸 알려야 했다. 선착장에 있는 사람들을 모셔왔다. 거실에서 차와 식사 대접을 하게 됐다.

이 시작이 점점 우리가 감동한 일로 바뀌고 있었다.

노부부이신 할아버지 할머니가 저희한테 90도로 고개를 숙이고 인사를 하면서 저희도 가서 이렇게 살겠습니다.라는 말을 했다. 그 말이 우리가 감동했다.

"이게 뭔가 뿌듯함이 생겼어요. 차 한 잔 밥 한 그릇에 감동하고, 내가 하나님의 자녀로서 무언가 했다는 뿌듯함이 생겼어요. 식구들과 이야기를 나눴어요. 열두 사도 순례길에 오는 사람들 중 마음이 힘들고 아픈 사람들도 있어요. 그 사람들에게 따뜻한 마음을 전달한다면, 좋겠다.라는 생각이 들었어요."

이제는 '사명'으로 하자!

"사람들이 가정집이어서 불편해하며 들어오지 않는 사람들이 있었어요. 그래서 그해 봄에 거실로 안 되겠다. 딴 공간이 있어야겠다. 지금 이 공간을 아들과 만들었어요. 이 공간을 만들고 나니 못 오겠다는 사람은 없었어요."

'섬 소년 장학회'도 만들게 됐어요.

한 사람에게,
한 가족에게 사명이란 단어는 어떤 의미일까?
사명이란 단어가 주는 낯섦에 한참 멍했다. 매일을 살아내느라 파닥거리는 내 삶에 '사명'이라는 단어는 없었다. 그런 어마무지한 무게의 단어에 나를 내맡기고 싶지 않았다. '사명'이라는 낯선 단어가 주는 경외감 같은 것.

김양운님의 표정은 흰머리만큼 맑디맑았다. 음식을 전적으로 만드는 사모님 최영매님은 김양운님보다 화끈하셨다. 최영매님 또한 많은 군상을 겪었을 것이다. 섬으로 시집을 와서, 섬사람들과 내내 뒤채다가 섬으로 들어오는 여행객들이 얼마나 반가웠을까?

'섬에서는 낯선 사람이 가장 귀한 것이지 않았을까?' 그 마음이 밥을 짓게 하고 나물을 무치게 했을 것이다.

그로 인해 상처, 아픔, 고달픔 같은 것들도 따라붙었을 것이다. 그럼에도 하겠다, 마음먹은 한 가족의 사명을 나는 조금 떨어져 보고 싶었다. 나에게 생소한 그 단어. 사명,이란 마음을 품은 사람들의 행동은 어떤지 궁금해서다.

2024년 9월 9일 소악도 쉬랑께에서

the Path of the Twelve Apostles
2부 순례길을 안내하다

소악 교회

주일 아침 열 시가 되면 어김없이 교회 종소리가 울린다. 새소리, 바람 소리, 파도 소리, 빗소리… 섬이 들려주는 온갖 소리 사이에 스며드는 종소리는 마치 타임머신처럼 우리의 시간과 영혼을 깨운다. 잊고 있던 첫사랑의 설렘을 떠올리게 하고, 순수했던 첫 믿음의 열정을 불러낸다.

시인 나태주는 이렇게 노래했다.

> 아홉 시에 울리는
> 교회 종소리는
> 주일학교 종소리
> 죄짓지 않은 아이들
> 죄짓지 말라
> 부르시는 종소리
>
> 열한 시에 울리는
> 교회 종소리는
> 대예배 종소리
> 죄 많이 지은 어른들
> 어서 와 회개하라
> 부르시는 종소리

교회 종소리는 단순한 소리가 아니다. 섬의 하루와 주간의 시간을 지켜주고, 사람들의 기억과 양심을 두드리는 영적 울림이다.

소악 교회는 섬 주민 10가구, 인구 18명이 사는 소악도에 자리하고 있다. 그중 신자는 열둘, 현재 출석 성도는 7명뿐이다. 나머지 이들은 코로나 이후 '방학' 중이거나 요양원과 타지에 머물고 있어 함께하지 못한다. 소악 교회는 문준경 전도사가 개척한 증도면의 11개 교회 중 가장 오지에 있는, 말 그대로 막내 교회다. 작은 섬의 가장 끝에, 가장 작은 교회가 서 있는 셈이다. 그러나 그 작은 교회에서 울려 나오는 종소리는 세상의 어떤 웅장한 종소리보다도 깊은 메아리를 남긴다.

나는 섬마을의 어머니가 된 문준경 전도사의 영적 유산을 알리기 위해 2005년부터 증도를 오가며 순교 영성 프로그램을 운영해 왔다. 지금까지 230여 차례 증도의 길을 밟았다. <천국의 섬>, <문준경에게 인생의 길을 묻다> 등의 책을 펴냈고, 다큐멘터리 영상과 CBS 드라마 <시루섬> 제작에도 참여했다. 또 연극 <노둣길의 노래>, <고무신의 노래>를 무대에 올리며 문준경 전도사의 삶을 알리는 일에 앞장섰다. 누구보다 그분을 많이 안다고 스스로 자부하기도 했다.

그러던 중 뜻밖에도 문 전도사의 숨결이 오롯이 남아 있는 소악 교회로 부임하여 4년 6개월 동안 목회를 하게 되었다. 교회에 들어 앉아 섬을 바라보고, 바다를 듣고, 사람들과 함께 기도하면서 비로소 깨달았다. 그동안 내가 알았다고 했던 문 전도사는 사실 책 속 인물이었고, 무대 위의 이야기였다. 그러나 소악 교회에서의 목회는 문 전도사가 남긴 삶의 흔적과 그 신앙의 체취를 온몸으로 경험하게 했다.

그분의 신앙은 단순한 개인의 헌신이 아니었다. 그것은 작은 섬마을을 섬기며 복음으로 품은, '섬 전체를 위한 믿음'이었다. 그 믿음의 씨앗이 오늘

이 작고 가난한 교회 안에서도 여전히 숨 쉬고 있음을 깨달았다. 소악 교회의 종소리는 단순히 예배 시간을 알리는 소리가 아니라, 문준경 전도사가 심은 복음의 울림이 지금도 계속되고 있음을 증언하는 메아리였다.

그래서 이제는 분명히 말할 수 있다. 기점·소악도는 단지 아름다운 섬이 아니다. 이곳은 증도와 더불어 **인생의 의미를 묻는 순례자들을 위한** 섬이다. 바람과 파도, 불편과 고요, 그리고 작은 종소리가 어우러져 우리에게 이렇게 묻는다. "너의 인생의 길은 어디를 향하고 있느냐?"

열두 사도 순례길, 필연의 만남

12년 전, 강원도 도지사를 만났다. 도지사는 MBC 사장으로 재임 시절 드라마 촬영 관계로 전라남도 신안군 증도에 방문했는데, 변변한 숙박시설이나 식당이 있는 것도 아닌 증도가 한국인이 꼭 가봐야 할 국내 여행지 100순위 중 두 번이나 2위를 했다고 말했다. 그러면서 강원도에도 증도처럼 열두 사도 순례길 프로젝트를 조성해 보자고 제안했다. 함께 자리한 당시 부천시 식물원 공무원이던 윤 팀장은 교회를 다니지 않는 비신자였다. 나는 그와 함께 수십 번도 넘게 강원도 일대를 다니며 금강산 열두 사도 순례길 프로젝트를 진행했다. 그런데 그만, 군수님의 하차로 아쉽게 프로젝트는 무산되었다. 어느 날 윤 팀장이 상기된 목소리로 전화했다.

"목사님! 기점·소악도란 곳에 우리가 금강산에 조성하려던 열두 사도 순례길이 만들어진다는 기사가 났어요."

당장 신안군 문화관광과에 연락해 보니 열두 사도 순례길은 이낙연 전 총리가 전남도지사였을 때, '가고 싶은 섬' 프로젝트 공모에 선정된 사업이었다. 그동안 증도를 수없이 오고 갔는데도 전혀 몰랐던 사실이었다. 문준경 전도사가 걸어 전도하던 노둣길 위에 그동안 구상했던 열두 사도 순례길이 만들어지다니! 순간 소름이 돋고 가슴이 뜨거워졌다. 이렇게 문준경 전도사와 또 만나게 되는구나!

곧바로 윤 팀장과 기점·소악도의 열두 사도 순례길 답사에 올랐다. 그리스 산토리니 양식의 하얗고 작은 예배당과 연못 위의 조명이 있는 밤의 교회 등, 내가 금강산에 조성하려 했던 생각들이 마치 내 기획서를 그 자리에 옮겨놓은 듯 만들어져 있었다. 너무 놀라 말을 잇지 못했다. 더 놀라운 건 소악 교회 옆에 있는 폐교인 소악분교였다. 입구에는 '나는 공산당이 싫어요!'를 외친 이승복 군의 동상이 있고, 풍금이 있는 교실, 그리고 마당에는 어린 시절의 추억을 되살리는 채송화와 봉숭아꽃들이 가득한 맑고 순수한 어린 시절의 감성을 불러일으킬 장소였다.

바로 옆 소악 교회는 전형적인 시골교회였다. 마당은 잡초가 무성했고, 녹슨 종탑이 있고, 아담하고 작은 건물은 페인트가 벗겨져 낡아 있었다. 조심스레 교회 안에 들어가 잠시 기도하고 나오는데 의아한 듯 바라보는 소악 교회 권사와 장로 부부를 만나 차 한잔을 나누었다. 그날따라 교회가 궁금하여 나온 소악 교회 성도들 앞에서 나는 문준경 전도사 사역을 하고 있고 이곳에 생긴 열두 사도 순례길을 답사 왔노라고 내 소개를 했다.

소악 교회 장로의 말을 들으니 열두 사도 순례길 여행 테마 사업은 지역주민이 협동조합으로 운영하고 있는데, 효율적으로 관리하면서 종교적·문화적 콘텐츠를 제공해 줄 전문가를 찾고 있었다고 한다. 소악 교회의 담임목사가 그 일을 하면 좋은데 담임목사 자리가 7개월 동안 공석이라며 모든 성도가 한마음으로 담임목사 부임을 위해 기도하고 있었다.

"사람 손 거치지 않고 직접 하나님이 보내주시고, 열두 사도 순례길을 통해 소악 교회가 큰일을 할 수 있는 전문가 목사를 보내주세요."

기도의 응답! 7개월간 기도했던 목사가 앞에 앉아 있는 거 같다며 놀라워하는 그들에게는 내가 벌써 소악 교회의 담임목사가 되어있었다. "여력이 있는 교회는 아니지만, 목사님 오실 수 있는지요?" 나는 힘주어 진심을 얘기했다.

"하나님이 보내시는 곳이라면 어디든, 광야라도 갑니다. 지금 하고있는 일에 무리가 되지 않는다면 하나님이 저를 보내신 걸로 알겠습니다. 그러나 혹여 걸림돌이 있다면, 올 수 없을 겁니다."

선착장으로 가며 윤 팀장이 불쑥 말을 꺼냈다. "소악도 여기 너무 좋은데요. 쇠뿔도 단김에 빼랬다고 올라가는 즉시 전 공무원 사표를 내겠습니다. 그러니 목사님도 이것저것 생각 말고 같이 내려오시죠?" 배를 기다리는 선착장 대기실에 열두 사도 순례길을 관리하고 운영하는 마을조합 사무장을 뽑는다는 공고문을 본 윤 팀장은 가족의 반대에도 사표를 냈고 소악도 조합사무장에 채용되었다.

군수와 첫인사 면담 시간이 잡힌 그날 새벽, 윤 팀장을 위해 기도를 하는데 눈물이 흘렀다. "하나님! 이번만큼은 하나님이 직접 윤 팀장을 인도해 주시어 기적을 베풀어 주세요. 그래야 윤 팀장이 하나님 살아계심을 믿고 교회를 다닐 거 아닙니까?"

비신자인 윤 팀장이 군수와 면담을 마친 후 "하나님의 기적"이 일어났다며 떨리는 목소리로 전화가 왔다. 신안군에 정원을 관리하는 전문 공무원이 꼭 필요했는데, 군수는 윤 팀장이 그에 맞춤한 인재라며 오히려 부천시 인사과에 사표를 반려시키고 열두 사도 순례길 협동조합 사무장으로 전출 발령을 받게 했다는 것이다! 면담 10분 만에 전격적으로 이뤄진 결정이었다. 할렐루야! 나는 망설일 이유가 없었고, 소악 교회의 담임목사가 되어 윤 팀장과 함께 소악도로 들어왔다.

걷기 좋은 병풍·기점·소악도

병풍도와 기점도, 소악도의 섬들은 마치 바다 위에 흩뿌려진 작은 보석 같다. 밀물에 잠겨 있다가도 썰물이 되면 바다가 문득 비밀을 열어 보인다. 그 순간 섬과 섬을 이어주는 노둣길이 모습을 드러낸다. 돌과 흙으로 다져진 길이 바닷물 속에서 서서히 드러날 때, 사람들은 그 위를 걸으며 섬에서 섬으로 발걸음을 옮긴다. 하루에 단 두 번, 잠시만 허락되는 이 길은 그래서 더욱 귀하다. "바닷길을 걷는 경험이 이렇게 경이로울 줄 몰랐다"는 어느 여행자의 고백처럼, 노둣길은 단순한 통로가 아니라 자연과 역사, 그리고 사람들의 삶이 빚어낸 시간의 선물이다.

섬들 사이의 갯벌과 언덕들은 신안의 여느 섬과도 다른 빛깔을 지닌다. 봄이면 바닷바람을 타고 노란 민들레와 분홍 들꽃이 갯가 풀밭에 피어나고, 여름이면 짙푸른 녹음이 바다의 빛깔과 겹쳐 싱그러움이 가득하다. 가을바람이 불어오면 노둣길 옆 갈대들이 일제히 몸을 흔들며 순례자의 길동무가 되어주고, 겨울이 오면 잿빛 고요가 섬과 바다를 감싸 안는다. 그 고요 속에서 오히려 섬들의 선이 더욱 또렷하게 드러난다. 사계절의 풍경은 늘 다르지만, 그 변화 속에는 변치 않는 평온함이 흐른다.

노둣길 옆 갯벌은 또 하나의 작은 우주다. 짱뚱어는 물 위를 박차듯 뛰고, 농게와 칠게는 작은 집게발을 들어 흔들며 제 세상을 노래한다. 아이들이 섬을 찾으면 가장 먼저 눈을 반짝이며 바라보는 것도 바로 이 작은 생명들이다. 바닷길을 걷는 동안 발 밑에서 끊임없이 꿈틀거리는 생명들은 "이곳이 살아 있는 땅"임을 힘주어 말해준다.

기점도와 소악도의 마을은 크지 않다. 작은 민박집, 마을 부녀회가 운영하는 식당, 갯벌 옆에서 그물을 손질하는 어부들의 모습이 전부다. 그러나 그 소박한 일상 속에 이 섬들의 시간이 차곡차곡 쌓여 있다. 외지에서 온 이들에게 따뜻한 밥 한 그릇을 내어주고, 바다 사정을 들려주는 섬사람들의 얼굴에는 바람과 햇살이 깊게 새겨져 있다. 그 미소 속에서 길을 걷는 이들은 바다보다 더 깊은 환대를 경험한다. 마치 이 섬에 발을 디딘 것만으로도 오래된 가족의 품에 안긴 듯하다.

이곳의 길은 시계가 아니라 바다가 시간을 알려준다. 바람이 바뀌고, 파도가 잦아들고, 바닷물이 물러가야 길이 열린다. 순례자와 여행자는 그 흐름에 자신을 맡겨야 한다. 누군가는 이 길을 두고 "자연의 시간에 순종해야 하는 길"이라고 표현했다. 그래서 이곳에서의 걷기는 단순한 발걸음이 아니라, 바다와 계절, 섬과 사람들의 리듬에 나를 맞추어 가는 행위가 된다. 바다가 잠시 허락해준 시간 속에서 걷는다는 것은, 내 삶도 언젠가는 다시 열리고 드러날 수 있다는 희망을 품는 일이다.

"목사님, 여기에는 자연과 역사와 사람들의 길이 다 보이네요…."

기점과 소악도의 길을 걷던 어느 시인이 남긴 말이다. 하지만 그 길은 시인만의 길이 아니다. 목사와 스님, 수녀와 장사꾼, 학자와 주부, 학생들까지 저마다의 사연과 발걸음으로 이 섬 위에 각자의 길을 낸다. 그들이 걷는 길은 곧 삶의 길이고, 성찰의 길이며, 기도의 길이고, 순례의 길이다.

기점과 소악도의 길을 걷다 보면 문득 깨닫게 된다. 이곳의 주인공은 섬도, 사람도, 나 자신도 아니라 '길' 그 자체라는 것을. 바다가 열어주고, 바람이 길러내며, 섬 사람들이 오래도록 지켜온 그 길은 오늘도 조용히 순례자를 맞는다. 사라졌다가 다시 드러나는 길처럼, 우리의 삶도 때로는 가려졌다가 어느 순간 새롭게 열릴 수 있음을 이 바다는 고요히 가르쳐 준다.

순례의 길을 열다

기독교 역사에서 가장 오래된 순례는 '예루살렘으로 가는 길'이었다. 초기 교회 시대부터 아르메니아 교회 신자들은 예수께서 십자가를 지시고 골고다 언덕을 오르셨던 길_{비아 돌로로사}을 따라 걸으며 그분의 고난을 기억했다. 이후 중세에는 산티아고 데 콤포스텔라로 가는 소위 야고보의 길 순례가 유럽 전역에서 활성화되었다. 사도 야고보의 유해가 있다고 전해지는 곳으로, 신자들은 그 길을 따라 수백 킬로미터를 걸으며 믿음을 새롭게 했다. 이런 순례는 구체적이고 실제적인 거룩한 장소를 향해 걸으면서, 몸과 마음으로 성스러움을 경험하게 한다.

켈틱 교회와 정교회 전통에서는 특정 목적지를 향한 물리적 순례만이 전부가 아니었다. 수도사들은 작은 배_{쿠락, currach}를 타고 바다로 나아가거나, 정처 없이 걷는 여정을 시작했다. 이것을 페레그리나치오_{peregrinatio pro Christo, "그리스도를 위한 방랑"}라 불렀다. 이는 신자가 자신의 삶 전체를 하나님의 인도에 맡기는 행위였다. 아브라함이 "어디로 가는지 알지 못하고" 길을 떠났던 것처럼_{히 11:8}, 이 순례는 방향 없는 길 속에서 하나님의 임재를 체험하는 신앙의 훈련이었다.

유럽의 많은 대성당에는 미로labyrinth 모양의 길이 바닥에 새겨져 있다. 대표적으로 프랑스의 샤르트르 대성당Chartres Cathedral 바닥에는 13세기경 만들어진 대형 미로가 있다. 당시 성지 예루살렘을 실제로 갈 수 없는 신자들이 성당 안에서 미로를 돌며 상징적 순례를 경험했다. 미로의 시작과 끝은 같지만, 복잡하게 꼬인 길을 걷는 과정에서 기도와 묵상이 깊어졌다. 이것은 한자리에서 진행되지만, 영적으로는 먼 길을 여행한 것과 같은 효과를 주었다.

이런 순례도 있다. 기독교 신앙과 인류 역사에서 위대하다 싶은 역사적 흔적을 따라 걷는 길이다. 예를 들어, 초대교회의 순교자 무덤을 찾는 길, 사막 교부들이 살았던 수도원 터를 답사하는 길, 종교개혁지 순례 등은 신자들에게 교회의 뿌리를 체험하게 했다. 이러한 역사 순례는 단순한 과거 여행이 아니라, 그 흔적 속에서 현재의 신앙을 새롭게 하는 만남이다.

이 네 가지 길은 모두 "걷는다"라는 행위 속에서 믿음을 체화하는 경험을 제공한다. 그렇다면 한국 신앙 공동체의 맥락에서 기점·소악도의 길들이 과연 역사적, 전통적 순례길들로 이해될 수 있을까? 기점·소악도의 길은 바다와 갯벌 위에 놓인 노둣길을 따라 작은 섬들을 잇는다. 길은 밀물과 썰물에 따라 사라졌다가 드러나며, 걷는 이로 하여금 시간과 자연의 리듬에 자신을 맞추도록 이끈다. 이는 단순한 관광이나 산책이 아니라, 하나님 앞에서 걸음의 속도를 늦추고, 기다림과 인내를 배우는 훈련이다.

또한 이 길은 섬 마을의 역사와 사람들의 삶을 품고 있다. 어부의 그물, 마을 어르신들의 환대, 계절마다 달라지는 풍광은 모두 "살아 있는 순례의 교재"다. 무엇보다 이곳에는 이미 전라남도 신안군이 형성한 열두 사도 길이 준비되어 있다. 따라서 기점·소악도의 열두 사도 길은 단순히 건축물 몇 채를 둘러보는 관광지가 아니라, 예루살렘을 향하는 실제 순례, 방랑을 통한 내적 순례, 미로를 통한 상징적 순례, 역사의 흔적을 따라가는 순례를 아우를 수 있는 새로운 형태의 순례길로 자리할 수 있다.

순례는 과거의 유물이나 외국의 전통 속에만 있지 않다. 기점·소악도의 열두 사도 길은 우리 땅에서, 오늘의 신앙인들에게 "순례하는 삶"을 다시 가르친다. 그것은 바다 위의 길에서 하나님의 창조 질서와 리듬을 배우는 길이며, 섬마을의 정취와 사람들의 삶 속에서 공동체와 나눔의 신앙을 체험하는 길이고, 역사의 흔적을 새롭게 빚어 오늘의 교회와 신자를 일깨우는 길이다.

따라서 기점·소악도의 순례길을 개발하고 걸어간다는 것은, 단순히 지역의 관광 자원을 확충하는 일이 아니라, 한국 교회의 신앙과 영성을 풍요롭게 하는 새로운 순례 전통을 세우는 일이라 할 수 있다.

불편함이 깨달음으로

열두 사도 순례길이 처음 열렸을 때 모든 것이 부족했다. 민박도 준비가 덜 되었고, 공중화장실도 변변치 않았다. 매점 하나 없었고, 길은 여기저기 거칠어 걷기도 어려웠다. 그때는 모든 것이 불편했다. 그러나 이상하게도 사람들은 그런 길을 걷기를 주저하지 않았다. 왜일까? 불편을 감수하며 걸을 때, 오히려 그 불편 속에서 뜻밖의 선물이 다가오기 때문이다. 순례는 늘 그렇게 불편 속에서 시작된다.

얼마 지나지 않아 소악도를 찾았을 때의 일이다. 선착장에 순례를 마치고 배를 기다리는 무리와 한 가족이 있었다. 무리들은 볼 것도, 먹을 것도, 마실 물도 없다며 연신 불평을 쏟아냈다. "괜히 왔다.", "이 섬엔 아무 것도 없다." 투덜거림이 그들의 목소리를 채웠다. 그러나 그 옆에 있던 가족은 전혀 달랐다. 내가 넌지시 말을 건네니, 은퇴를 3년 앞둔 아버지가 웃으며 대답했다. "그동안 너무 바쁘게만 살아와서요. 가족과 함께 의미 있는 시간을 보내고 싶어 이곳에 왔습니다." 나는 물었다. "어제 불편하지 않으셨어요?" 그분은 잠시 바다를 바라보다 이렇게 말했다. "아니요, 불편하지 않았습니다. 오히려 좋았어요. 섬이 너무 조용하고, 깨끗하잖아요."

같은 시간, 같은 섬을 걸었지만 서로 다른 경험을 한 것이다. 어떤 이들에게는 불편이 곧 실망이 되었고, 또 다른 이들에게는 불편이 곧 감사와 행복이 되었다. 관광으로 온 사람에게는 부족함이 짐이었지만, 삶을 돌아보려는 사람에게는 그 부족함이 오히려 쉼과 여백이 되었다. 결국 문제는 섬의 불편함에 있는 것이 아니라, 그것을 바라보는 사람의 마음과 태도에 있었다.

소악도는 불편한 섬이다. 그러나 바로 그 불편함 때문에 행복한 섬이기도 하다. 물질과 편의가 넘쳐나는 도시의 삶에서는 쉽게 얻을 수 없는 고요와 단순함이 이곳에 있다. 바람에 흔들리는 갈대, 길섶의 들꽃, 뭍에서 다가오는 배 소리, 별빛 가득한 밤하늘… 모두가 불편이라는 옷을 입고 찾아오는 선물이었다. 내가 만난 가족 순례자는 그 사실을 이미 깨닫고 있었다.

이 이야기를 신안군 관계자에게 전하자, 순례길 곳곳에 현수막이 걸렸다. "우리가 맛보는 대다수의 행복은 실상 불편함 속에 있다." 단순한 구호 같지만, 사실 이 말은 삶을 바라보는 태도의 깊은 철학을 담고 있었다. 불편이 단순히 없어져야 할 결핍이 아니라, 우리를 깨닫게 하고 새롭게 하며 행복으로 이끄는 계기라는 것이다.

신영복 선생은 길과 도로를 구분하며 이렇게 말했다. "도로는 직선을 원하고 속도를 추구한다. 그것은 자본의 논리이며 목표에 도달하기 위한 수단이다. 그러나 길은 그 자체가 목적이다. 길은 곡선을 원하고, 더디기를 원한다. 그 안에서 아름다움과 즐거움이 경작되고, 자기 발견과 동반이 일어난다. 길은 자기 자신이 목표이며, 역사가 된다."

이 말은 순례길의 본질을 잘 드러낸다. 순례길은 도로가 아니다. 빨리 목적지에 도달하려는 효율의 논리가 지배하지 않는다. 길 자체가 의미이며, 걷는 그 행위 자체가 기도이고 묵상이며 깨달음이다. 그래서 불편은 길의 일부이고, 느림은 은총의 다른 이름이다.

오늘날 우리는 모든 것을 빠르고 편리하게 만들려 한다. 클릭 한 번에 원하는 것을 얻고, 기다림 없는 일상에 익숙해졌다. 하지만 그만큼 마음은 분주하고, 영혼은 지쳐 있다. 편리함이 늘어날수록 오히려 행복은 줄어드는 역설 속에 산다. 그럴 때 순례길은 우리에게 묻는다.

"너는 불편함을 피하려만 하느냐, 아니면 그 불편을 통과하며 스스로를 돌아보려 하느냐?"

소악도의 순례길은 우리에게 그 질문을 던진다. 불편은 결핍이 아니라 깨달음의 문이다. 그 문을 통과할 때 우리는 비로소 행복에 닿는다. 불편함이야말로 진정한 선물이다.

간이역 소악 교회

2020년, 전 세계를 강타한 코로나19로 사람들의 발길이 끊기고 일상이 멈춘 듯했지만, 기점·소악도의 열두 사도 순례길은 여전히 섬 길을 걷는 이들이 있었다. 종교를 초월해 삶의 지친 이들이 이곳을 찾았다. 그래서 소악 교회는 이 길 위에서 하나의 간이역이자 우물가 같은 교회가 되기로 했다. 잠시 멈춰 쉬어가며 목을 축이고, 마음을 달래고, 다시 길을 이어갈 수 있는 그런 교회 말이다.

먼저 교회 사택을 수리하여 게스트하우스 '자랑께'로 꾸몄다. 교회 식당은 누구나 차 한 잔 마시며 앉아 쉴 수 있는 순례자 카페 '쉬랑께'로 변신했다. 두 공간 모두 기부형으로 운영되었고, 십자가나 성경 구절 액자도 걸지 않았다. 교회의 색깔을 내세우기보다 누구든 편안히 머물다 가도록 열린 공간으로 둔 것이다. 덕분에 머무른 이들은 "경계가 없이 모든 담이 무너진 채로 참 편안했다"라고 입을 모았다.

"여호와 하나님이 그 사람을 이끌어

에덴동산에 두어 그것을 경작하며 지키게 하시고"
창세기 2장 15절

정원을 일구는 것은 교회의 낙원을 작게나마 보여 주는 일이었다. 많은 순례객이 "앞마당이 정원처럼 가꾸어지면 좋겠다"라는 바람을 전했고, 그 말이 씨앗이 되어 교회 앞마당 250평에 '순례자 정원'이 꾸며졌다. 목포대학교 교수 신우회와 문태 학원이 기금을 내주었고, 연극배우 윤석화가 배롱나무를 기증했다. 이름 없는 후원자들과 SNS 친구들까지 흙 한 삽, 나무 한 그루를 보태어 '순례자의 집 정원사'가 되어 주었다. 그렇게 꽃과 나무가 자라면서 정원은 단순한 공간을 넘어선, 섬김의 증언이 되었다.

지난 5월 18일 주일, 정원 완공 기념비 제막식이 열렸다. 입구에는 문준경 전도사의 고무신 행전을 상징하는 조형물이 세워졌다. 소악 교회 권사의 13번의 타종이 울려 퍼지는 동안, 모든 성도들은 말씀 새긴 12개의 돌판 앞에 무릎을 꿇고 안수받으며 "예수님의 열세 번째 사도"가 되겠다고 결단했다. 작고 가난한 교회였지만, 그날 그 자리만큼은 하늘나라의 예배당 같았다.

정원과 게스트하우스, 카페가 마련되자 소악 교회는 곧 '참새 방앗간'이 되었다. 그런데 또 하나의 문제, 공중화장실이 부족해졌다. 순례객들이 교회 화장실을 많이 사용하게 되었고, 나는 매일 화장실 청소가 일과가 되었다. 그때 문득 생각했다. "이왕이면 화장실도 기쁘게 이용할 수 있으면 좋겠다." 그래서 재미있는 요금표를 붙였다.

- 오줌: 500원
- 똥: 1000원
- 오줌과 똥 동시 사용: 1500원
- 변비라 방귀만 나오면 300원 (소악도 맑은 공기를 훼손한 죄^^)
- 카드 및 외상은 절대 사절!

순례객들은 화장실 앞에서부터 웃음을 터뜨렸고, 시원하게 볼일을 본 뒤 후원함_{어린 시절 요강 모양}에도 기쁘게 기부했다. 어떤 이는 만 원짜리를 넣으며 "시원하고 즐거운 경험 값"이라며 웃기도 했다. 그 수익은 교회 정원 관리와 '섬소년 장학회'를 통해 가정형편이 어려운 학생들에게 전달되었다. 작은 화장실마저도 하나님 나라의 통로가 된 셈이다.

지나가는 순례객들이 길을 잃어 헤맬 때 교회에 들어와 '소악도 선착장 어디로 가요?', '8번 마태의 집은 어디로 가요?' 그래서 교회 마당에 육지 간이역에서 볼 수 있는 간판을 세웠다. 뜬금없는 간이역은 그리움의 동의어이자 추억의 다른 이름이다. 간이역은 역무원 하나 없이 기차가 잠시 정차했다 떠나는 작은 역이다. 간이역과 얽힌 추억에 대해 말하는 사람들의 얼굴에는 어린 시절을 회상하는 즐거움이 있었다. 잠시 머무는 소악 교회 앞마당에 잠시 행복한 추억의 감성이 피어났으면 좋겠다.

그래서, 소악 교회의 표어는 "방랑자에서 순례자로"이다. 길 위를 걷는 수많은 사람들이 있다. 어떤 이는 방황하며 걷고, 어떤 이는 목표 없이 흘러가듯 걷는다. 그러나 순례자는 다르다. 순례자는 걷는 길에서 의미를 찾고, 그 의미 안에서 하나님을 만난다. 소악 교회는 바로 그 변화를 돕는 작은 간이역이 되고 싶다. 잠시 쉬어가는 역이지만, 거기서 다시금 '순례자의 걸음'으로 이어 나가도록 돕는 역이다.

주일 아침 열 시, 소악 교회 권사님의 단정한 치마저고리 차림과 함께 울려 퍼지는 종소리는 오늘도 마을을 깨운다. 그 종소리는 예배를 알리는 소리이자, 순례객들에게 쉼과 기쁨을 전하는 초대장이다. 나는 조용히 기도한다. 이 교회가 하나님 보시기에 심히 좋은 순례길의 쉼터로, 섬김과 나눔의 작은 낙원으로 오래 남게 되기를.

장로와 목사의 버스킹 '지킴이'

인구 소멸의 바람은 소악도에도 불어왔다. 그 바람은 먼저 학교로 향했다. 학생 수가 줄어드는 순간, 폐교라는 냉혹한 현실이 다가왔다. 그러나 이 작은 섬에는 끝내 학교를 지켜낸 기적 같은 이야기가 있다.

그 시작은 소악 교회 김양운 장로의 막내아들, 현우였다. 그는 홀로 남아 분교를 다녔다. 교실에는 아이가 단 한 명, 하지만 그는 혼자가 아니었다. 교사와, 섬 사람들의 마음과, 무엇보다 학교를 지켜야 한다는 보이지 않는 소명과 함께였다. KBS <인간극장>에 소개된 현우의 모습은 많은 이들을 울렸다. 인터뷰에서 그는 이렇게 말했다.

"혼자 다니면 좋은 건, 제가 회장도 반장도 다 할 수 있고 못해도 1등이에요. 그런데 체육 시간에 세 명이 필요한 운동은 못 하고, 청소도 합창도 혼자 해야 해요."

아이의 천진한 대답 뒤에는, 섬마을의 고단한 현실이 묻어 있었다. 그러나 바로 그 고단함이야말로 이 분교를 지킨 힘이었다. 현우가 졸업하고 나자, 전도사 딸 에덴이가 어린 나이에 조기 입학해 학교를 붙들었다. 에덴이가 도시로 떠나자 섬 사람들은 결국 "아이를 입양해서라도 지켜야 한다"는 각오까지 했지만, 끝내 무산되었다.

그때 김 장로는 큰 결심을 했다. 목포에서 살던 손주 상현이를 섬으로 불러들여 학교에 입학시킨 것이다. 아이 하나를 품은 결단이 곧 섬 전체의 희망이 되었다. 그렇게 소악분교는 무려 18년 동안 폐교되지 않았다. 작은 아이들의 발걸음이 교정에 메아리쳤고, 마을 사람들은 아이들을 따라 웃음 지을 수 있었다. 그러나 결국 아이들이 사라지자, 지금은 휴교 상태로 문을 닫은 지 5년이 지났다.

놀라운 것은, 이 모든 역사의 첫 주인공이었던 현우가 다시 돌아왔다는 사실이다. "섬을 지키겠다, 교회를 지키겠다"는 마음 하나로, 그는 다시 소악도의 바람 앞에 서 있다. 나는 그의 귀환이 너무나 기특했고, 감동이었다. 그래서 순례자들과 함께 작은 장학회를 만들었다. 현우처럼 섬의 지킴이가 될 다음 세대를 돕고자 함이었다.

사실, 없어질 위기의 바람은 교회에도 몰려왔다. 소악 교회는 오랫동안 사역자가 없었다. 사람들은 교회 문이 닫히는 것을 두려워했지만, 새 일꾼이 나타나지 않았다. 그때 나는 현우가 섬으로 돌아온 것처럼, 교회로 들어왔다. 그리고 내 마음에 하나의 다짐이 생겼다.

"나도 이 교회를 지키겠다."

내가 가장 먼저 붙든 것은 강대상이었다. 오래된 자료 속에서 나는 갈릴리 호수에서 발굴된, 예수님 시대의 낡은 배를 보았다. 사진 속 배는 삭아 있었지만, 그 배에 앉아 계셨을 주님의 모습이 선명하게 그려졌다. 제자들을 부르시던 장면, 바다 위에서 풍랑을 잠잠케 하시던 순간, 베드로의 배 위에서 하나님 나라를 선포하시던 예수님. 그 배는 단순한 나무 조각이 아니라, 복음의 요람이었다.

그 순간 깨달았다. "소악 교회 강단은 바로 그 갈릴리의 배여야 한다." 나는 전라도의 목공 장인 조일호 선생을 찾아가 사정을 설명했다. 시간이 흐른 뒤, 그는 정성껏 깎고 다듬은 '배 모양 강단'을 보내주었다. 지금 소악 교회 강단에는 그 갈릴리 배가 서 있다. 단순한 가구가 아니라, 주님의 사역을 닮은 기도의 상징이자, 우리 교회가 붙드는 믿음의 표지다.

그러나 교회에는 또 하나의 보물이 있었다. 바로 오래된 마룻바닥이다. 수많은 섬 사람들이 그 바닥에 무릎 꿇고 앉아 말씀을 들었고, 은혜를 체험했으며, 다시 용기를 얻어 거친 바다로 나아갔다. 마룻바닥은 섬 사람들의 영혼이 새겨진 제단이었다. 나는 깨달았다. 교회를 지킨다는 것은 곧 이 마룻바닥을 지키는 일이라는 것을.

백운영 목사는 매주 목요일 '마룻바닥 기도회'를 연다. 그는 무릎을 꿇고 엎드리는 그 영성이야말로 한국교회 부흥의 초석이라 말한다. 나 역시 그 말

을 마음 깊이 공감한다. 한국교회는 본래 마룻바닥 교회였다. 신발을 벗고 들어와 방석을 깔고 앉던 예배당, 거기서 흘린 눈물과 기도의 향기가 오늘의 한국교회를 세운 것이다.

그래서 나는 소악 교회의 장판을 걷어내고, 마룻바닥을 다시 깔았다. 예배당 한켠에는 옛 풍금과 찬송가, 성미 항아리까지 마련했다. 순례자들은 그 바닥에 앉으며 잊힌 신앙의 뿌리를 새롭게 만난다. 어떤 이는 "어린 시절 시골 교회가 떠오른다"고 하고, 또 어떤 이는 "한국교회의 처음 영성이 여기 살아 있다"고 고백한다.

그러나 이 모든 지킴이의 길은 결코 혼자가 아니다. 함께 걷는 든든한 동역자가 있다. 바로 김양운 장로다. 그는 62년의 세월을 거의 온전히 소악도에서 보냈다. 군 복무 3년, 직장생활 1년을 제외하면 단 하루도 섬을 떠난 적이 없다. 아버지로부터 물려받은 김 양식을 하며, 섬과 교회를 묵묵히 지켜왔다.

그 역시 KBS <인간극장> 5부작 "섬 소년"의 주인공이기도 하다. 아들 현우와 함께, 섬과 학교, 교회를 붙들고 지킴이로 살아온 인물이다. 김양운 장로는 노래를 잘한다. 그래서 나는 어느 날 그에게 제안했다. "순례자들을 위해 버스킹을 해봅시다." 그는 흔쾌히 받아들였다. 여름 내내 모기와 깔다구에 시달리면서도, 우리는 열심히 연습했다. 순례객들이 듣고 싶어할 가요도 곡에 넣었다. 그리고 마침내 열두 사도 순례길 첫 코스, '베드로의 집' 앞에서 노래를 불렀다. 순례자들은 멈추어 서서 귀 기울였다. 때로는 따라 부르고, 때로는 눈시울을 적셨다. 우리의 작은 무대는 유튜브에 올려져 더 많은 이들과 나눠졌다. 장로와 목사가 함께 부른 이 노래는 단순한 공연이 아니었다. 그것은 섬을 지키는 노래였고, 믿음을 이어주는 고백이었다.

섬의 아이가 학교를 지키고, 목사와 장로가 교회를 지킨다. 지킴이의 삶은 단순히 무언가를 붙드는 일이 아니다. 그것은 섬을 사랑하는 마음, 그리고 하나님을 향한 믿음이 빚어낸 노래다.

오늘도 그 노래는 바람을 타고 순례자들의 마음에 메아리친다. 소악도의 바람은 거세지만, 그 바람 속에서도 여전히 '지킴이들의 노래'가 섬과 교회를 살려내고 있다.

진리 탐구의 길을 함께 걷다

어느 날 몇 사람이 기점·소악도 순례길을 걷다가 "쉴 만한 곳이 없네" 하며 '쉬랑께' 문을 열고 들어왔다. 나는 따뜻한 차를 내어주며 그들과 마주 앉았다. 바닷바람에 붉어진 얼굴, 땀에 젖은 옷, 그리고 저마다의 사연을 담은 표정들이 순례길의 무게를 말해주고 있었다. 이야기를 나누던 중, 일행 가운데 한 사람이 고백했다.

"저는 여러 종교를 기웃거렸습니다. 불교, 천도교, 신흥종교들까지… 그런데 여전히 갈증이 풀리지 않았습니다. 그런데 이 섬에 와서, 제 안에 남아 있는 목마름이 단순한 종교 방황이 아니라 진리를 향한 길 위에 서 있다는 깨달음을 얻었습니다."

그의 고백은 내 마음을 크게 울렸다. 이후 그는 광주에서 매주 주일이면 차를 타고, 다시 배를 타고 소악 교회를 찾아왔다. 한두 달쯤 나오다 발길이 끊기리라 생각했지만, 벌써 2년째 변함없이 예배를 드리고 있다. 진리의 길을 찾는 그의 발걸음은 마치 제자들이 예수를 좇던 길과도 같았다.

열두 사도 순례길 조성이 한창이던 때, 도로 공사팀이 섬에 들어왔다. 교회 앞에서 굴착기 소리가 요란하게 울려 퍼지던 어느 날, 작업 반장이 내게 다가와 조심스레 말했다. "목사님, 사실 저 교회에 관심이 있습니다." 그러나 당시 코로나가 한창이라 낯선 사람을 교회로 초대하기가 조심스러웠다. 나중에 들으니 그는 오랫동안 일본 무속에 매여 살아왔다고 했다.

그런 그가 소악 교회를 바라보며 말할 수 없는 평안을 느꼈다고 한다. "그동안 채워지지 않던 무언가가 여기서 채워질 것 같습니다." 그날 이후 그는 매주 수요일마다 찾아와 3개월간 성경을 배우며 예수의 길을 걸었다. 지금은 광주에서 아내와 함께 열심히 교회를 섬기고 있다.

또 한 번은 토요일 저녁, 두 순례자가 '자랑께'에 묵게 되었다. 한 사람은 지리산에서 활동하는 가수였고, 또 한 사람은 템플스테이 강사였다. 밤이 깊자 기타 소리가 울려 퍼졌고, 그들의 노래는 섬의 고요한 어둠 속을 가득 채웠다. 나는 그 소리에 감동하여 부탁했다. "내일 예배 시간에 특송을 부탁드려도 될까요?" 가수가 잠시 머뭇거리며 대답했다. "저는 원불교 신자인데 괜찮으시겠습니까?" 나는 장벽을 허물 듯 대답했다. "그럼요. 제가 찬송 몇 곡을 알려드리겠습니다."

그들은 처음 부르는 찬송이라며 토요일 내내 기타를 치며 연습했다. 그리고 주일 아침, 떨리는 목소리로 "내가 주를 처음 만난 날"을 불렀다. 예배당은 울림으로 가득 찼고, 예배자들의 눈가에 눈물이 맺혔다. 며칠 뒤 가수에게서 전화가 왔다.

"목사님, 큰일 났습니다. 그 찬송 가사가 머릿속에서 떠나질 않아요.
다음에 또 특송 기회를 주시겠습니까?"

이처럼 열두 사도 순례길이 열린 뒤 소악 교회에는 낯설고도 아름다운 풍경이 생겨났다. 불자, 스님, 천주교 신자, 심지어 신흥종교 신자들까지 다양한 이들이 교회 문턱을 넘고 함께 예배를 드린다. 그들은 각자의 자리에서 섬을 찾아와 예수님과 제자들이 걸은 길을 걷고, 그 길이 주는 진리의 깊이와 넓이를 경험한다.

여기서는 교리 논쟁이나 설득이 필요 없다. 오히려 그들이 걷는 인생길이 곧 제자들의 길과 다르지 않음을, 그리고 그 끝에서 예수의 길을 만나게 됨을 깨닫는다. 중요한 것은 자기 삶이 더욱 깊어지고 풍성해지는 것이다. 전도가 아니라 맞닿은 성찰, 그리고 구도의 자리—이것이 순례길에서 목사가 품는 소망이다.

한 번은 천주교 순례객들이 섬을 찾았다. 그들 가운데 수녀님들도 계셨다. 수녀님들은 섬의 풍경에 배어든 영성을 민감하게 알아차리며, 묵주를 돌리듯 고요히 열두 사도 길을 걸었다. 그들의 모습은 기도하는 노래처럼 잔잔했다. 내가 전하는 이야기를 들을 때마다 수녀님들의 눈빛이 반짝였고, 그 눈빛 속에서 나는 겸손과 경외를 보았다.

그날 나는 난생 처음 수녀님의 손을 잡아 보았다. "수녀님, 저와 사진을 찍으려면 손을 잡아야 합니다." 수녀님은 쑥스러워하시면서도 손을 내밀어 주셨다. 목사가 언제 수녀님의 손을 잡을 기회가 있겠는가. 그 순간은 종교의 경계를 넘어선 따뜻한 인간적 만남이었다.

그날 천주교 형제 자매들은 소악 교회에서 함께 예배를 드리고, '순례자 정원'을 정리하는 일도 도우며 도란도란 이야기 꽃을 피웠다. 신앙의 전통은 다르지만, 진리를 향한 걸음은 같은 길 위에 있음을 확인하는 자리였다.

수녀님과 목사님이 손을 잡았던 그 때를 이렇게 시로 남겼다.

수녀님의 손을 잡다

난생 처음 수녀님의 손을
잡아 보았다.

수녀님! 저와 사진을 찍으려면
손을 잡고 찍으셔야 합니다.

수작을 부려본다.
수녀님은 쑥스러워 하며

살며시 손을 내민다.
언제 목사가 수녀님의 손을 잡아 보겠나.

고우신 수녀님 두 분과
천주교 형제 자매들이
소악 교회에서 예배도 드리고
정원의 잡초도 뽑고
도란도란 얘기꽃을 피었다.

노숙자 예수

우리 사회에 '거지'라는 오래된 단어 대신 '노숙자'라는 낯선 단어가 등장한 것은 IMF 이후였다. 1998년 초, 서울역에는 병든 노인이 아니라 사오십대의 건장한 이들이 거리를 배회하기 시작했다. 일자리를 잃고, 삶의 터전을 잃은 사람들이었다. 1988년 청량리에서 라면 나눔으로 시작된 다일공동체 최일도 목사의 밥퍼 운동은 이러한 현실 속에서 한국 교회의 대표적인 나눔 운동이 되었고, 이제는 전 세계 11개국 아프리카에까지 확산되었다.

"지극히 작은 자 하나에게 한 것이 곧 내게 한 것이니라"
마태복음 25장 40절

캐나다 작가 티모시 슈말츠Timothy Schmalz는 2011년 이 말씀에 영감을 받아 '노숙자 예수'Homeless Jesus를 제작했다. 거리의 벤치 위, 낡은 담요 한 장에 온몸을 감싸고 누워 있는 누군가. 얼굴까지 덮여 있지만, 삐죽 나온 발목의 상처가 심상치 않다. 사람들은 그제야 멈춰 서고, 흠칫 놀라며 깨닫는다. 그것이 바로 십자가의 상처를 지닌 예수임을. 인간에게 은총을 베푸는 구세

주가 동정과 연민의 대상인 노숙자로 묘사된 것이다.

사람들 사이에서는 예수를 모욕했다는 불평도 터져 나왔다. 실제로 북미 지역의 대표적인 가톨릭 성당 두 곳, 토론토의 세인트 마이클 성당과 뉴욕의 세인트 패트릭 성당은 조각상 설치를 거부했다. 그러나 프란치스코 교황은 달랐다. 수천 명의 순례자들이 지켜보는 가운데 이 차디찬 청동 조각상을 축복했고, 매만지며 몇 분 동안 기도를 바쳤다. 그는 "추위에 떨며 얇은 담요에 의지해 웅크린 이 모습이야말로 아름다운 예술 작품"이라고 말했다. 결국 미국과 캐나다에서 거절당한 이 조각상은 로마, 바티칸 성 베드로 광장 근처에 세워졌다. 추위 속에 얼어 죽은 한 노숙자 여인을 기억하는 자리였다. 이후 '노숙자 예수'는 유럽 여러 도시 성당의 문 앞과, 서울 서소문 역사공원까지 백여 곳에 설치되어 많은 이들의 가슴을 울리고 있다.

성경은 예수님이 아무것도 가진 것 없으셨고 심지어 "머리 둘 곳조차 없었다"고 기록한다. 그분은 갈릴리 들판과 길에서 방랑하는 이들과 함께하며 그들의 삶을 일깨우셨다. 정처 없는 방랑자였던 이들이, 예수 안에서 천국을 향하는 순례자가 되었다.

"방랑자에서 순례자로."

젊은 날 처음 본 연극은 <고도를 기다리며>였다. 공연 내내 지루해 졸다가 나온 뒤, 다시는 연극을 보지 않겠다고 다짐했었다. 그러나 세월이 지나 문준경 전도사의 이야기를 다루며 순례 사역을 감당하게 되자 연극은 다시 내 곁으로 다가왔다. 목포대학교 LINC+산학협력단과 이헌종 교수의 도움을 받아 서울 대학로의 '로열 씨어터'와 함께 문준경 순교 이야기를 다룬 <고무신 노래>와 <방랑자에서 순례자로>를 기획했다.

특히 <방랑자에서 순례자로>는 부조리극의 형식을 빌려 인생과 세상의 부조리를 다뤘다. 초연 당시 평론가들조차 "도무지 무슨 내용인지 알 수 없다"는 혹평을 내놓았지만, 연극은 꾸준히 방황하는 현대인의 내면을 비추며 그들을 순례자의 길로 이끌었다. 나는 그 주제어, "방랑자에서 순례자로"를 다시 붙잡았다. 그리고 그것을 소악 교회의 표어로 삼아 기점·소악도의 열두 사도 순례길의 방향으로 정했다. 이곳은 삶에 지친 이들이 찾아와 쉬어가며 내면의 숨겨진 꿈을 발견하고, 그 꿈 속에 하나님의 사랑을 담아갈 수 있는 곳이다. 소악 교회는 방황하는 인생의 덧없는 시간을 순례자의 깊은 시간으로 바꾸고자 한다.

나는 '노숙자 예수' 조각상에 깊이 매료되었다. 그래서 소악 교회 앞마당의 순례자 정원을 설계할 때 가장 먼저 떠올린 것이 바로 그 작품이었다. 벤치에 누운 예수를 만지고, 곁에 누워 보는 경험을 통해 사람들이 예수와 함께 스스로의 삶을 새롭게 하길 바랐다. 그러나 재정이 부족했다. 대신 찾아오는 순례자들이 예수를 깊이 묵상할 수 있도록 영성이 담긴 포토존을 만들었다. "방랑자에서 순례자로" 변해가는 자신의 자화상을 남기도록 한 것이다.

오늘도 소악 교회 순례자 정원 한켠, 그 포토존은 사람들로 북적인다. 그곳을 찾는 이들이 방랑의 길에서 순례의 길로, 덧없는 삶에서 하나님을 향한 깊은 삶으로 변모해 가기를 소망한다.

잠적 여행

미국 펜실베이니아의 랭커스터 카운티에는 독특한 공동체가 있다. 이름하여 아미시Amish. 한마디로 말해, 현대 문명의 속도와 효율을 거부한 채 18세기적 삶을 그대로 이어가는 사람들이었다. 독일과 스위스에서 이주해 온 이민자들의 후손인 그들은 마치 미국 땅에 숨겨진 청학동처럼 살아가고 있었다.

마을에 들어서면 가장 먼저 눈에 띄는 것은 사람들의 차림새였다. 남자들은 검은 모자와 검정 양복 차림에, 길게 내려온 턱수염을 달고 있었다. 여자들은 짙은 자주빛이나 검은 원피스를 입고, 머리를 단정히 틀어 올린 뒤 하얀 스카프를 쓰고 있었다. 아이들도 예외가 아니었다. 그들의 모습은 마치 고전 그림 속 인물들이 현실에 걸어 나온 듯 낯설고도 신비로웠다.

생활 방식 또한 철저히 단순했다. 전기도, 전화도, TV도, 냉장고도 없었다. 흙길 위로 달리는 것은 자동차가 아니라 말이 끄는 마차였고, 농사의 도구 역시 가스나 전기를 쓰지 않는 수동적 방식이었다. 이들의 삶을 세 단어로 요약할 수 있었다. 첫째, 험블Humble. 소박하고 검소한 태도였다. 의복과 음식, 집과 농기구까지 그 무엇 하나도 과시하지 않았다. 둘째, 패밀리Family. 가족 중심의 삶이었다. 평균 자녀 수가 여섯에서 열 명에 이르는 대가족이 함께 살아갔고, 오후 다섯 시 이후에는 오직 가족만을 위한 시간으로 채웠다. 셋째, 커뮤니티Community. 공동체성이었다. 주일이면 모두 함께 예배하고, 음식을 나누며, 삶을 공유했다.

이런 아미시 마을은 오히려 전 세계 사람들의 발길을 끌어당겼다. 느림의 미학과 잠적의 철학을 체험하고 싶어 수많은 방문객이 찾아왔다. 흥미롭게도 바로 그 옆에는 또 다른 세계가 펼쳐지고 있었다. 기독교의 '브로드웨이'라 불리는 사이트 앤드 사운드Sight & Sound 극단이었다. 이들은 30여 년 동안 성경을 주제로 한 뮤지컬을 선보여왔다. 다윗, 노아, 요나 등 성경 속 인물들이 무대 위에서 생생하게 살아 움직였다. 한 작품을 1~2년 동안 집중 공연한 뒤, 다음 해에는 또 다른 주제를 선택해 새 무대를 올렸다. 그들의 공연은 장엄하면서도 진지했고, 탁월하면서도 감동적이었다. 잠적한 듯 숨어 사는 아미시 옆에서 오히려 예술로 신앙의 빛을 드러내는 또 다른 공동체가 있었던 것이다.

나는 이 아미시와 극단에서 영감을 얻었다. 아미시는 세상에 대해 잠적한 이들이었지만, 그들의 존재는 오히려 더 또렷하게 각인되었다. 세상은 그들이 무엇을 추구하고 어떤 삶을 사는지 잘 알지 못했다. 그러나 그들만의 방식으로, 그것도 예술적 방식으로 자신들의 길을 드러내고 있었다. 나는 소악도에서도 이런 '잠적의 예술'을 실행하고 싶다는 생각이 차오르기 시작했다.

그런데 바로 그때 엉뚱한 일이 터졌다. 불교 조계종에서 국가 예산으로 특정 종교의 기념물을 세우는 것은 종교 편향이라며 문화체육관광부에 문제를 제기한 것이었다. 정부 산하 위원회는 불교계의 주장을 받아들여, 결국 소악도의 '열두 사도 길' 이름을 모두 철거하기로 결정했다. 제자들의 이름을 붙였던 집들은 어느새 '건강의 집, 소원의 집'으로 바뀌었고, 순례길은 '열두 사도 길'이 아닌 '섬티아고 길'이라는 새 이름을 얻게 되었다. 이 과정에서 기독교의 사도들은 사라지고, 오직 스페인어 야고보Jacobo의 이름만 덩그러니 남았다. 생뚱맞았다.

그 후로 적지 않은 항의 전화가 걸려왔다. "사도들의 이름은 다 어디 갔느냐"는 것이었다. 이름이 사라지니 길은 그저 의미 없는 조형돌로 남을 뿐이었다. 나는 실망했고, 또 마음 한편에선 억울했다. 그러나 늘 그렇듯 어려움 속에서 길을 찾는 방법은 하나님께 묻는 것이었다.

그때 소악도 12번 집 바닷가에 세워진 시멘트 방호벽이 눈에 들어왔다. 회색빛 벽은 흉물스러워 사람들의 시선을 거슬리게 했다. 그런데 기도 중에 환상이 떠올랐다. '저 벽에 최후의 만찬 그림을 그려 넣으면 어떨까?' 갑자기 심장이 뛰기 시작했다.

작가를 수소문했으나 섬이라는 이유로, 또 여러 사정으로 번번이 거절당했다. 그러나 나는 이 일이 하나님께서 응답해 주신 비전임을 믿었기에 포기하지 않았다. 뜻밖에도 가까운 목포대학교 미술학과에서 벽화 작업을 해오던 교수님과 학생들이 이 일을 맡아주겠다고 했다. '여호와 이레!' 등잔 밑이 어둡다고, 가장 가까운 곳에 하나님의 예비하심이 기다리고 있었던 것이다.

제작비가 문제였지만 그것도 하나님이 해결해 주셨다. 분당 가나안교회 담임목사님과 당회원 부부 20여 명이 소악도를 방문했다가 사정을 듣고는 기꺼이 헌금을 내주었다. 마침내 세계 어디에서도 볼 수 없는, 소악도의 바닷가에 야외 벽화로 '최후의 만찬'이 완성되었다.

열두 사도의 이름이 사라진 뒤, 오히려 열두 사도가 한 자리에 모여 앉은 그림이 드러나게 되었다. 아이러니했지만, 동시에 깊은 은혜였다. 잠적은 오히려 새로운 돌출을 낳았다.

순례자들은 이 벽 앞에서 다시금 예수님의 제자들을 만났다. 아미시가 세상 속에서 잠적했으나, 옆 마을의 예술로 존재를 드러내듯, 소악도의 열두 사도는 무너진 콘크리트 벽 위에서 돌출하듯 되살아났다. 이곳은 성만찬의 의미와 가족의 소중함을 되새기는 기도의 장소가 되었고, 이제는 소악도의 랜드마크로 자리 잡았다.

나는 깨달았다. 때로 신앙의 길에서 잠적은 단순한 은둔이 아니었다. 그것은 더 깊은 돌출을 위한 하나님의 숨결이었다. 감추어진 듯 사라졌지만, 더 빛나는 방식으로 드러나는 것. 그것이 잠적의 역설이며, 신앙 예술의 신비였다.

생선 굽는 예수와 팔복 묵상길

천주교와 개신교는 같은 길을 걷는 듯하지만, 순례의 방식은 사뭇 다르다. 천주교는 성지와 성물을 중심으로 그곳을 찾아가 예배하고, 만지고, 느끼며 거룩함을 얻는 순례를 지향한다. 반면 개신교의 순례는 장소의 거룩함보다는 그 길이 품은 의미에 집중한다. 성경의 길, 역사적 신앙의 길을 걷는 동안 그 길이 던지는 물음을 붙잡고, 깨달음을 얻어 오늘의 삶으로 연결하는 순례를 소중히 여긴다.

"밥은 먹었어? 많이 힘들었구나!"

누군가에게 "밥은 먹고 다니냐"라고 물을 수 있다는 건 결코 가벼운 인사가 아니다. 그만큼 친밀하고, 서로의 속사정을 아는 사이에서만 가능한 다정한 위로다. 고故 김수미 씨가 진행했던 프로그램 <밥은 먹고 다니냐?>는 혼밥이 익숙한 시대에 따뜻한 국밥 한 그릇과 함께 지친 사람들의 마음을 어루만졌다.

요한복음 21장은 그보다 더 오래된, 그러나 언제 들어도 가슴 따뜻한 식탁의 이야기다. 부활하신 예수께서 모닥불을 피우고 제자들을 위해 아침을 준비하신 장면이다.

밤새 갈릴리 호수에서 그물을 던졌지만, 제자들의 손에는 아무것도 잡히지 않았다. 바람은 세차고 몸은 지쳐 있었다. 새벽빛이 희미하게 비칠 무렵, 호숫가에 서 계신 한 분이 물으셨다.

"얘들아, 고기가 좀 있느냐?"
"없습니다."
"그물을 배 오른편에 던져라. 그러면 잡을 것이다."

순종하자 그물은 차고 넘쳤다. 그 순간 요한이 말했다. "주님이시다!" 베드로는 물을 박차고 뛰어들었다. 그리고 제자들이 해변에 도착했을 때, 그곳에는 이미 숯불이 피워져 있었고, 그 위에는 생선과 떡이 놓여 있었다.

"와서 아침을 먹으라."
주님은 그렇게 초대하셨다.
"밥은 먹었니?"

소악도 갯가를 걷다 보면 나 또한 매번 듣는 인사다. 단순한 안부가 아니라, 서로를 향한 깊은 관심과 사랑이 담긴 말이다. 예수님의 모닥불 식탁 역시 그런 자리였다. 상처 입은 이들, 실패한 이들, 외로운 이들이 초대되었다.

그 자리에서 예수께서는 시몬 베드로에게 세 번 물으셨다.
"네가 나를 사랑하느냐?"

비전은 결국 자기 사명을 발견하는 것이다. 하나님께서 나를 이 땅에 보내신 이유를 발견하고, 가장 자기다운 모습으로 살아가는 것이다. 그러므로 비전은 야망이나 감정의 불꽃이 아니라, 오히려 고요함과 평온함에서 비롯된다. 예수님은 제자들을 고요한 식탁으로 초대하신 후, 그 고요함을 넘어서는 격동의 자리로 인도하셨다.

나는 소악도의 열두 사도 순례길 한 모퉁이에, 바로 그 고요하고 평온한 식탁을 마련하고 싶었다. 누구든 그 자리에 앉으면 베드로처럼 마음이 뒤흔들리기를, 주님의 질문을 들으며 다시 사명 붙들기를 소망했다.

그러나 시간이 흐르며 순례길은 전국적인 관심을 끌었고, 나는 바빠졌다. 사람들은 몰려왔지만, 정작 주님의 식탁은 아직 차려지지 않았다. 꽃을 피우는 것은 문화다. 역사와 사연이 길 위에 녹아 복음의 열매로 이어져야 한다. 길이 마련되었으니, 이제는 복음의 문화가 꽃피워야 했다.

영종도의 120년 된 왕산교회는 카페로 바뀌어 하루 수천 명이 찾는 공간이 되었다. 외형은 교회 그대로 남았으나, 복음은 사라졌다. 역사와 문화는 살아있지만, 복음이 비어버린 자리는 한국 교회에 숙제를 던진다. 역사는 문화를 낳고, 문화는 새로운 가치를 창출한다. 그러나 그 끝에는 반드시 복음이 있어야 한다.

그런 뜻에서 나는 먼저 '사단법인 한국 순례길'의 출범을 하나님께서 주신 사명으로 여겼다. 2023년 5월 26일, 사단법인으로 정식 출범하며 강원에서 제주까지 전국 각지에 지부가 세워졌다.

> 강원·고성지부 – 화진포 셔우드홀 중심의 금강산 순례길
> 서울지부 – 배재학당 중심의 정동 순례길
> 인천강화지부 – 아펜젤러 중심의 인천 강화순례길
> 충주지부 – 물길따라 산길따라 충주호수 순례길
> 충남지부 – 금강포구 중심의 금강포구 순례길
> 전주지부 – 전주예수병원 중심의 전주 순례길
> 군산지부 – 전킨·드루 선교사 중심의 군산성지 순례길
> 대구지부 – 청라언덕 중심의 청라 순례길
> 광주지부 – 양림선교동산 중심의 마룻바다 부흥체험길
> 전남동부지부 – 손양원 목사 중심의 사랑과 감사 순례길
> 목포지부 – 유달산 중심의 유달산 순례길
> 신안지부 – 문준경 전도사 중심의 열두 사도 순례길
> 제주지부 – 이기풍 목사 중심의 제주 순례길

이 길들은 한국교회가 잊고 있었던 초기 기독교 역사와 근대 기독교 문화유산을 다시 조명하는 일이었다. 나아가 다음 세대에게 그 가치를 가르치고, 삶의 의미를 되새기는 길이다. 사막에 길을 내신 하나님께서 광야에 생

명의 길을 내셨듯, 오늘 우리의 땅에도 생명의 순례길을 여신 것이다.

그러나 이 모든 흐름 속에서 나에게 가장 중요한 것은 여전히 하나였다.
소악도 열두 사도 길 가에 주님의 식탁을 마련하는 일.

그리고 마침내 그것을 이루었다. 이제 순례자는 마지막 집, '가룟 유다의 집'으로 향하기 전이나 다녀온 후, 갈릴리 해변의 식탁에 들를 수 있다. 그 자리에서 요한복음 21장을 읽고, 예수님의 조용한 초대를 받을 수 있다.

그리고 반드시 듣게 된다.
"네가 나를 사랑하느냐?"
그 순간, 순례자의 인생은 격동한다.
그 격동이야말로 참된 순례의 열매다.

올라가는 여행

인류의 역사는 걷기의 역사이기도 하다. 걷는다는 것은 단순히 두 발을 움직여 공간을 이동하는 행위가 아니다. 그것은 방향을 정하고 의미를 품는 선택이며, 한 걸음을 떼는 순간 인간의 내면과 공동체의 이야기가 함께 새겨진다. 걷기는 때로는 제국의 폭력에 맞서는 저항의 몸짓이 되었고, 때로는 복음을 들고 가는 사도들의 발걸음이 되었으며, 때로는 자기 자신을 성찰하고 하나님을 찾는 순례가 되었다.

1930년 봄, 마하트마 간디는 사바르마티 아쉬람에서 78명의 제자와 함께 인도의 서쪽 해안 도시 단디까지 약 380여 킬로미터를 걷기 시작했다. 그 길은 24일 동안 이어졌다. 영국이 인도인의 소금 생산을 금지하고 무거운 세금을 부과한 것에 항거하기 위함이었다. 간디와 그의 제자들은 빈 통을 들고 묵묵히 걸었다. 길 위에서 사람들의 고통을 듣고, 함께 기도하며, 비폭력의 힘을 나눴다. 해안에 이르러 그는 손수 바닷물을 끓여 소금을 만들며, 한 인간의 작은 순례가 거대한 제국의 권력 앞에서 얼마나 강력한 힘을 발휘할 수 있는지 증언했다. 흰옷 차림의 작은 체구, 손에 든 지팡이, 그리고 한 걸음 한 걸음의 발자국이 결국 세계를 뒤흔들었다. 걷는 것에는 힘이 있었다. 그 힘은 제국의 칼과 총보다 강했다. 걷는 것 하나가 역사를 바꾸는 기적이 되었다.

일제 강점기의 조선에서도 걷기는 절망을 뚫고 희망을 여는 행위였다. 사회적으로 가장 버림받은 존재였던 한센병 환자들을 품고 살아간 이는 '오방' 최흥종 목사였다. 그는 1932년 봄, 광주에서 150명의 환자와 함께 서울 조선총독부까지 350킬로미터를 걷기 시작했다. 그 길은 열흘이 넘게 이어졌고, 길 위에서 또 다른 환자와 걸인들이 합류하여 서울에 도착했을 때는 400명이 넘었다. 사람들은 나병 환자를 두려워했고, 그들이 짚고 있던 피고름 묻은 지팡이는 공포의 상징이었다. 그러나 오방은 그것을 붙들고 함께 걸었다. 총독부 뜰에 도착한 환자들을 경찰도 막지 못했다. 그들 역시 두려워 피해버렸기 때문이다. 결국 총독은 오방의 요구를 받아들여 소록도의 수용·치료 시설 확충을 약속했다. 한 목회자의 낮은 걸음이, 가장 버림받은 자들의 발걸음이, 제국의 중심을 움직였다. 이 역시 올라가는 여행이었다.

역사 속에서 또 다른 순례자는 사도 바울이다. 로마 제국은 군사와 세금, 행정과 상업을 위해 거대한 도로망을 구축했다. 돌길로 이어진 길은 제국의 통치력을 강화하기 위한 수단이었다. 그러나 하나님은 그 길을 복음의 통로로 삼으셨다. 바울은 다메섹 도상에서 부르심을 받은 후, 소아시아와 마케도니아, 그리스, 로마로 이어지는 길 위에 서 있었다. 그 길은 고난과 투

옥, 박해가 함께했지만, 동시에 복음이 전해지는 은총의 길이었다. 돌길 위에 남겨진 바울의 발자국마다 "길이요 진리요 생명"이신 예수를 증언하는 복음의 씨앗이 뿌려졌다. 바울은 고백했다. "나의 달려갈 길과 주 예수께 받은 사명, 곧 하나님의 은혜의 복음을 증언하는 일을 마치려 함에는 나의 생명을 조금도 귀한 것으로 여기지 아니하노라." 걷는 것 자체가 그의 설교였고, 그의 순례였다.

오늘 우리의 시대에도 걷기의 영성을 깊이 묵상하는 이가 있다. 베네딕도회 수도자 안셀름 그륀 Anselm Grun 신부는 걷기를 신학으로 풀어냈다. 수도승들은 자신을 길 위의 방랑자요 나그네로 여겼고, 예수 또한 머물 곳 없이 팔레스타인을 떠돌던 순례자였다. 그륀은 길을 걷는 행위 안에서 인간 존재 전체의 은유를 보았다. 떠남과 머묾, 기다림과 도착, 고통과 기쁨이 모두 길 위에서 어우러진다. 걷기는 몸을 움직이는 행위인 동시에, 내면을 하나님께로 향하게 하는 내적 여정이다. 삶이란 결국 본향을 향해 걸어가는 순례의 행진이라는 것이다.

시편 기자도 노래한다. "사람이 내게 말하기를 여호와의 집에 올라가자 할 때 내가 기뻐하였도다. 예루살렘아, 우리 발이 네 성문 안에 섰도다."(시 122:1-2) 성경에서 순례는 언제나 올라가는 여행이었다. 하나님의 집, 예루살렘 성전은 오르막 위에 있었고, 사람들은 숨 가쁘게 올라가며 하나님을 만났다. 도로는 편리함을 제공했지만, 순례의 길은 결코 평탄하지 않았다.

오르막과 땀방울 속에서 사람들의 마음은 하나님께로 높아졌다.

오늘날에도 사람들은 길을 찾는다. 우리나라와 세상 곳곳에는 순례의 의미를 깊이 살릴 수 있는 많은 길들이 있고 그들을 물심양면으로 지원하는 단체와 교회, 절, 수도원들이 즐비하다. 그 덕분에 우리는 지리산 둘레길, 해파랑길, 제주 올레길, 멀리 산티아고 순례길이나 히말라야 트레킹까지 곳곳을 누비며 삶의 의미를 찾아 나선다.

현대인들은 다시 걷기를 열망한다. 몸을 단련하고 마음을 치유하려는 욕망 때문이다. 그러나 순례의 본래 의미는 단순한 힐링을 넘어선다. 순례는 하나님을 만나러 올라가는 여행이며, 그분의 임재 안에 들어가는 발걸음이다.

우리나라에도 이러한 순례의 길이 있다. 전남 신안의 기점·소악도다. 바다 위 작은 섬들이 밀물에 잠기고 썰물에 드러나는 노둣길로 이어져 있다. 그 길 위에 12개의 작은 예배당이 세워졌고, '열두 사도 순례길'이라는 이름으로 사람들을 부른다. 섬마다 다른 색의 풍경과 바람, 갈대숲과 갯벌이 동행하는 길은 화려하지 않다. 그러나 오히려 소박하고 담담한 그 길에서 순례자는 자신의 나그네됨을 깨닫는다.

소악도의 순례길은 단순히 자연을 걷는 길이 아니다. 그 길은 신앙과 문화가 어우러진 영성의 길이다. 소악도 언덕 곁에는 이제 열두 사도들이 예수님에게 배운 '팔복 묵상길'이 있다. 작은 연못 둘레에 여덟 개의 말씀 코스를 두고, 예수의 산상수훈을 묵상하며 걷도록 만든 길이다. "심령이 가난한 자는 복이 있나니… 애통하는 자는 복이 있나니… 의에 주리고 목마른 자

는 복이 있나니…"마 5장 예수께서 선포하신 복은 세상의 기준과는 전혀 달랐다. 부요와 성공의 반대편, 가난과 결핍과 애통의 자리에서 하나님 나라가 열린다고 선언하셨다. 팔복 묵상길은 작은 섬에서도 복음의 대헌장이 살아 숨 쉬고 있음을 보여준다.

이 길은 우연히 세워지지 않았다. 교인 다섯 명 남짓이 지키던 작은 섬 교회에서 시작된 꿈이었다. 그러나 하나님은 그 작은 꿈을 감동시키셔서 여러 후원자들을 보내셨다. 연못을 기증한 이, 공사비를 헌신한 이들이 있었다. 그들의 손길을 통해 기점·소악도에는 작은 갈릴리가 세워졌다. 사막에 강을 내시는 하나님께서, 작은 섬에 팔복의 동산을 세우신 것이다.

순례는 늘 올라가는 여행이지만, 동시에 다시 세상으로 내려오는 여행이기도 하다. 예수께서 산상에서 제자들에게 팔복을 선포하신 뒤, 그들을 세상으로 보내 소금과 빛이 되게 하신 것처럼, 순례자의 마지막 발걸음은 반드시 일상의 자리로 되돌아간다. 진정한 순례는 길 끝에서 멈추는 것이 아니다. 그것은 세상 속으로 복음을 녹여내는 삶이다.

히브리서 기자는 말한다. "이 사람들은 다 믿음을 따라 죽었으며 약속을 받지 못하였으되 그것들을 멀리서 보고 환영하며 또 땅에서는 외국인과 나그네임을 증언하였으니… 그들이 이같이 말하는 것은 자기들이 본향 찾는 자임을 나타냄이라."히 11:13-14 우리의 인생은 잠시 빌려 쓰는 호텔의 손님과 같다. 아무리 좋은 시설을 누려도 떠날 때는 아무것도 가져갈 수 없다. 그렇기에 믿음의 사람들은 이 땅에서 나그네로 살았고, 본향을 바라보며 걸어갔다.

기점·소악도의 순례길을 걷는 이는 바다와 하늘을 바라보며, 간디의 지팡이를 떠올리고, 오방 최흥종의 행진을 기억하며, 바울의 길과 수도승의 전통을 함께 느낄 수 있다. 그리고 무엇보다 예수께서 가르치신 팔복의 말씀을 마음에 새긴다. 그 모든 발걸음이 가리키는 결론은 단순하다. 길은 곧 예수 자신이시며, 우리는 그 길을 따라 함께 걷는 나그네라는 것이다.

소악도에서 경험하는 올라가는 순례의 여행은 단순히 높은 곳에 오르는 여정이 아니다. 그것은 낮은 섬마을에서 시작해 마음을 하나님께로 높이고, 동시에 삶을 이웃을 향해 낮추는 역설의 여정이다. 기점·소악도의 작은 발걸음은 그 사실을 보여준다. 그 길을 걸을 때, 우리는 순례자가 된다. 길 위에서 하나님을 만나고, 세상 속으로 다시 파송받는 나그네. 결국 순례란 이 땅에서의 모든 삶이 본향을 향해 올라가는 여행임을 잊지 않는 것이다.

어떤 사람에 대해,
공간에 대해,
얼마나 들여다보면
제대로 안다고 말할 수 있을까요?

그럴 수는 있는 걸까요?

the Path of the Twelve Apostles
Epilogue

에필로그 하나

믿으며 걷는 열두 사도 길
임병진 목사

길은 언제나 사람을 이끈다. 때로는 땅끝까지, 때로는 마음 깊은 곳까지 이끈다. 기점과 소악도의 순례길도 그러하다. 파도에 씻기고 바람에 다듬어진 길 위에서 나는 목사로서, 또 순례자로서 수많은 이야기를 들었고, 또 함께 걸으며 마음의 기도를 드려왔다.

성경의 하나님은 언제나 길 위에서 사람을 만나 주셨다. 아브라함은 낯선 땅으로 가는 길에서 하나님의 부르심을 받았고, 모세는 출애굽의 광야 길에서 하나님의 인도하심을 경험했다. 제자들은 갈릴리 길 위에서 예수와 동행하며 하늘나라의 복음을 배웠다. 그리고 부활하신 주님은 엠마오로 가던 제자들의 발걸음 속에 동행하셨다. 신앙은 언제나 길 위에서 살아 숨 쉬었다.

소악도는 두 번 이상 방문하고 걸어야 하는 섬이다. 첫 번째 방문은 걷는 것이 좋아서 바다가 좋아서 가게 된다. 두 번째 방문은 첫 번째 방문에서 곁눈질한 소악 교회를 알고 싶은 마음에 방문한다. 이렇게 두 번 소악도를 찾게 되면 누구든 세 번째 소악도 방문을 시도하게 된다. 그리고 세 번째 방문에서 그는 방랑하는 여행객이 아닌 높이와 깊이를 체험하는 순례자가 된다.

이 작은 섬의 순례길은 결코 크지 않다. 그러나 좁고 작은 길을 걸으면서 오히려 더 깊은 은혜를 발견하게 된다. "좁은 길로 들어가라"(마 7:13)는 예수의 말씀이 바로 여기에 살아 있다. 화려한 성지의 길이 아니라, 이웃의 숨결과 마을의 역사가 밴 길에서 우리는 '하나님 나라'가 멀리 있지 않음을 본다. 순례자는 걸으며 자신의 삶을 되돌아보고, 섬 주민은 그 걸음을 맞으며 새로운 희망을 품는다.

나는 바란다. 이 길이 단순한 관광의 길이 아니라, 서로를 살리고 세우는 하나님의 길이 되기를. 믿음이 연약한 자에게는 위로가 되고, 방황하는 이에게는 방향이 되며, 이미 신앙을 걸어가는 자에게는 새 힘을 불어넣는 길이 되기를. 또한 교회와 지역 공동체가 함께 만들어 가는 길이 되기를 바란다. 예수께서 말씀하셨듯 "너희는 세상의 빛이라"(마 5:14), 이 길이 빛을 나누는 통로가 되기를 소망한다.

앞으로 이 길을 걸을 이들, 혹은 이 책을 들고 기점, 소악도 길에 들어서는 이들에게 나는 세 가지를 권하고 싶다.

첫째, 기도하며 홀로 걷기를 바란다. 바람 부는 언덕에서, 바닷가에서, 걸음을 멈추고 지금 마음 심경의 호흡을 하나님께 드리라. 순례자의 호흡은 기도의 언어로 하늘에 닿을 것이다.
둘째, 만남의 길로 걷기를 바란다. 열두 사도 길은 홀로 걷는 길이며 동시에 함께 걷는 길이다. 길 위에서 만나는 이들과 나누는 작은 인사가 곧 은혜의 언어가 된다.
셋째, 삶의 길로 이어가기를 바란다. 순례는 이 작은 섬, 열두 사도 길에서 끝나지 않는다. 각자의 자리로 돌아가 순례자의 마음으로 삶을 살아가기를 바란다.

소악 교회 목사로서 나는 이 길에서 이미 많은 은혜를 보았다. 작은 교회가 순례자의 쉼터가 되었고, 마을의 집들이 나그네의 보금자리가 되었다. 길은 사람을 묶어주고, 하나님 나라를 꿈꾸게 했다. 그래서 나는 확신한다. 이 길은 앞으로도 하나님의 은총을 전하는 통로가 될 것이다.

길은 계속된다. 그리고 이 길 위에서 하나님이 이루실 새로운 이야기도 계속될 것이다.

에필로그 둘

걸으며 생으로 파고들다
작가 시우

2023년 12사도 순례길을 다섯 번 다녀왔고, 다녀올 때마다 원고에 살이 붙었습니다. 세 번째까지 어리버리하고 두루뭉술하게 12킬로미터라는 물리적 숫자에 집중했나 봅니다. 빠르게 걸어 세 시간이면 너끈해,라고 저는 또 더하기 빼기를 하고 있었으니까요.

하지만, 이곳을 다녀가면 갈수록 궁금한 게 많아졌습니다. 처음, 지형이 읽히기 시작했고 그 다음, 낯선 것들과 사람들이 익숙해지기 시작했습니다. 그래도 열두 사도에 대해서는 모르겠어서 어느 날은 임병진 목사님께 글을 쓸 수 없을 것 같다고 포기의 마음을 전하기도 했습니다.

저는 이렇게 단편적입니다.

어느 공간에 집중한다는 것, 그리고 그 집중으로 책을 만들어 낸다는 것. 생각하지도 않았던 저의 과거가 나왔고, 무지함이 나왔고 사느라 잊고 있었던 아픔이 불쑥 튕겨 나오기도 했습니다. 꽤 진지하게 지극히 객관적으로 열두 사도 순례길을 쓰겠다며 다짐해 놓고 제 생 속으로 깊디깊게 파고들며 원고를 이어가고 있었습니다.

이곳에서 정작 만날 사람은 나,라는 걸. 이곳에서 기억해 내야 할 사람도 경험도 너무나 말갛게 '나'로부터 시작해야 한다는 걸. 결국 의치게 될 목소리 풍경 또한 온통 내 안을 헤집고 만나게 될 것 이라고 부모보다 가족보다 '나'가 괜찮은지 만져볼 시간을 가져야 한다고, 부모도 가족도 내가 건강해야 제대로 선명하게 들여다볼 수 있다고.

결국 열두 개의 예배당은 열두 번 자신의 경험을 토해내며 자신을 돌아보라는 게 아니었을까요?
그제야 이 섬이 이야기하는 '순례자'라는 단어를 어슴푸러 짐작하게 되는 게 아닐까요?

이곳을 열 번쯤 다녀가면, 백 번쯤 다녀가면, 저의 이야기는 더 깊디깊어질 것입니다. 이 책은 오늘까지의 최선을 문장으로 빚어냈을 뿐입니다.

이곳 소악도에는 섬을 섬기는 소악 교회 임병진 목사님이 계십니다. 소악 교회 쉬랑께에서 커피 한 잔을 마시고, 자랑께에서 한숨 푹 자고 일어나시길요. 온전한 섬의 이야기도 덤으로 들을 수 있을 겁니다.

어느 날, 이곳
열두 사도 순례길을 걷다,
제 문장을 만나게 된다면
방긋 웃어주시길,
하하 공감해 주시길,
허허 한숨 뱉어내시길,
그러다,
어디에도 없을
'자신'을 만나기를 응원하겠습니다.
꼭.